DER SCHÖNSTE NAME DER WELT

KUNSTMANN

ndå
Jonas
ANNI
TIMO

Susanne Koppe

DER SCHÖNSTE NAME DER WELT

Ein Leitfaden für Suchende

Mit Bildern von Daniela Bunge

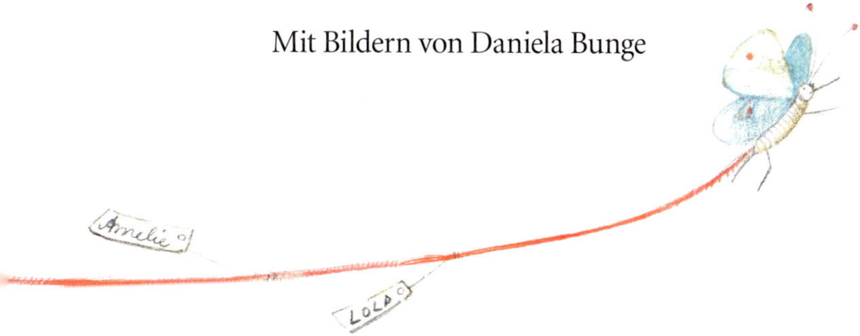

KUNSTMANN

Simon
Fiona
Falk
Tom
Lilja
Ida
Bob
Yunus
Lisbeth
Joana
Frederik
Johann
Elena
Anja
Moritz
Selina
Marie
Fatima
Nikolai
Maximilian
Sophia
Felise
Emmely

Die Namensgabe

Ein kleiner Mensch wird erwartet.
Wie wird er aussehen? Wie wird er sein?
Wild oder sanftmütig? Zierlich oder kräftig?
Verträumt oder vernünftig?
Das Wesen Ihres Kindes
können Sie nicht bestimmen.
Doch seinen Namen dürfen Sie wählen,
das ist das erste Privileg der Eltern.
Und die erste Aufgabe.
Einen Menschen benennen zu dürfen bedeutet:
Dieser Mensch gehört zu mir, gehört zu uns.
Wir bestimmen seinen Lebensweg mit,
wir tragen Verantwortung für ihn.
Den Klang des Namens, seine Bedeutung,
alles, was mit ihm an Gefühlen und Bildern
verbunden ist, geben Sie Ihrem Kind mit.
Der Name ist ein Geschenk fürs Leben.

Wie soll es denn nun heißen?

Was für eine Freude: Sie bekommen ein Kind und dürfen seinen Namen aussuchen! Ja, eine große Freude!, antworten Sie und strahlen dabei bis über beide Ohren. Sie haben schon immer einen Wunschnamen mit sich getragen. Oder Sie haben ganz rasch einen gefunden. Einen, der individuell ist, aber nicht peinlich extravagant. Der dem Zeitgeist entspricht, aber kein überstrapazierter Modename ist. Der Tradition und Weltoffenheit kombiniert, an eine geliebte Person erinnert, wunderschön klingt und in allen Sprachen dieser Welt mühelos ausgesprochen und geschrieben werden kann. Herzlichen Glückwunsch!

Vielleicht ist es aber auch anders: Aber ja, sicher, das ist eine große Freude ..., sagen Sie – und werden ein wenig schweigsam. Die Suche bereitet Ihnen ganz schön Kopfzerbrechen, und nur Rumpelstilzchens Müllerstochter, so scheint es Ihnen, suchte noch verzweifelter als Sie nach einem Namen.

Ihren Favoriten *Emil* haben Sie jahrelang still und heimlich gehütet – plötzlich heißen drei Kinder in der unmittelbaren Nachbarschaft so. *Theo,* Wunschname Nummer zwei, hat Ihnen Ihre Schwester madig gemacht, weil sie da mal einen „ganz, ganz fiesen“ kannte. Namen sind so stark mit Gefühlen und ganz persönlichen inneren Bildern verknüpft, dass Ihre Wahl nicht nur eine spannende, sondern mitunter schwierige Angelegenheit ist.

Die große Freiheit

War es früher unüblich oder sogar verboten, Namen aus anderen Sprachen oder Kulturkreisen zu nutzen, so ist heute der Fundus an Namen, aus dem Sie wählen können, unermesslich groß. Und solange der gewählte Name mindestens einmal nachweislich benutzt wurde, das Geschlecht des Kindes, notfalls durch einen Zweitnamen, eindeutig erkennbar ist und der Name nicht als sittenwidrig eingestuft wird, gilt absolute Wahlfreiheit.

Aber Freiheit hat ihren Preis: Woran können und wollen Sie sich orientieren? Wollen Sie lieber die Individualität Ihres Kindes betonen oder die Verbundenheit mit seinen Mitmenschen, seiner Herkunft, seinem Glauben? Lieben Sie die Exotik oder das Vertraute? Das Schlichte oder das Außergewöhnliche? Das Zeitlose oder das Modische? Was ist Ihnen wichtiger:

Wohlklang oder Wortbedeutung? Möchten Sie eine geliebte Person weiterleben lassen oder die großartigen Eigenschaften einer Berühmtheit? Namen verraten viel über die Herkunft und Werte der Eltern.

Fast sehnen Sie sich nach den guten alten Zeiten, als der erste Sohn nach dem Vater, die anderen Kinder nach den Großeltern und Paten benannt wurden. Sie dagegen müssen sich durch unzählige Namenslexika und Websites kämpfen, in denen Namen über Namen aufgelistet sind: Nordische, afghanische, keltische, lateinische und solche, deren Ursprung niemand kennt. Von A wie *Agathe* bis Z wie *Zacharias* finden Sie mehr oder weniger seriöse Deutungen, Verweise auf die Ursprungssprache, ein paar Beispiele von prominenten Namensträgern und manchmal auch nur die Hitlisten der aktuellen Modenamen. Inspiration und Orientierungshilfe jedoch finden Sie nicht.

Legen Sie doch einfach kurz die dröge nach dem Alphabet sortierten Nachschlagewerke beiseite und lehnen Sie sich zurück. Stellen Sie eine schöne Tasse Tee neben sich und unternehmen Sie eine kleine Reise in die faszinierende Welt der Namen. Denn am Ende sollen nicht nur Sie, sondern auch Ihr Kind das Glücksgefühl haben: Mein Name passt zu mir – er ist der schönste Name der Welt!

Tobias
Michael
Emma
Diana
Angela
Brigitte
Dennis

GOTT SEI MIT DIR

Namen aus der Welt des Glaubens

So lange haben Sie gewartet – und auf einmal halten Sie ein neugeborenes Kind in den Armen. Was für ein bewegender, fast unglaublicher Moment! Gerade eben noch war Ihr Kind in einer anderen Sphäre, nun ist es hier: Ein kleiner Engel, ein himmlisches Geschenk. Verliebt betrachten Sie das kleine Wesen und haben die Erleuchtung: Nichts anderes als ein göttlicher Name ist passend!

Gleichzeitig ist dieses Wesen unendlich schutzlos. Können Sie, können die Menschen um Sie herum ihm all den Schutz gewähren, den es braucht? Wie sollen Sie Ihr Kind vor den Launen des Schicksals bewahren? Nichts liegt näher, als das Kind bei der Taufe höheren Kräften anzuvertrauen, seinen Namen zum Gebet oder Glaubensbekenntnis zu machen. Wenn Sie katholisch sind und Ihrem Kind den Namen eines oder einer Heiligen geben, so wählen Sie diesen als besonderen Schutzpatron Ihres Kindes und hoffen darüber hinaus vielleicht, dass dessen

Tugenden in ihm weiterleben. Bis heute ist bei strengen Katholiken der Namenstag ein höherer Feiertag als der Geburtstag. Bei den Hindus gibt es den Brauch, den verschiedenen Kindern einer Familie Namensvarianten ein und derselben Gottheit zu geben. So steht die ganze Familie unter der schützenden Hand dieses Gottes – was vielleicht die Schutzwirkung, in jedem Fall aber den Familienzusammenhalt stärkt.

Spirituelle Namen bringen nicht nur die Verbundenheit mit Gott zum Ausdruck, sondern auch die mit einer bestimmten Glaubensgemeinschaft. Das gilt auch dann noch, wenn diese Gemeinschaft sich nicht mehr vorrangig über den Glauben definiert. Das Denken und Leben unserer Vorfahren war von einer so allumfassenden Religiosität durchdrungen, dass ungemein viele unserer Namen ihre Wurzeln im Glauben haben. Oft kennen wir ihre ursprüngliche Bedeutung gar nicht mehr, wissen nicht, dass sie auf eine biblische oder heilige Figur zurückgehen, oder wir verstehen ihren symbolischen Gehalt nicht mehr: *Susanne* bedeutet „Lilie", ist aber als Sinnbild für Reinheit und Keuschheit zu verstehen, *Oliver* geht auf den nach der Sintflut Rettung verheißenden Ölzweig zurück, und die englischen Namen *Hope, Joy* und *Grace* benennen die christlichen Tugenden der Hoffnung, Freude und Dankbarkeit. Auch wenn ihre allegorische Bedeutung oft vergessen ist, werden diese Namen als klassisch oder einfach als positiv empfunden und unabhängig vom Glauben gern vergeben: Sie sind Teil unserer gemeinsamen Kultur.

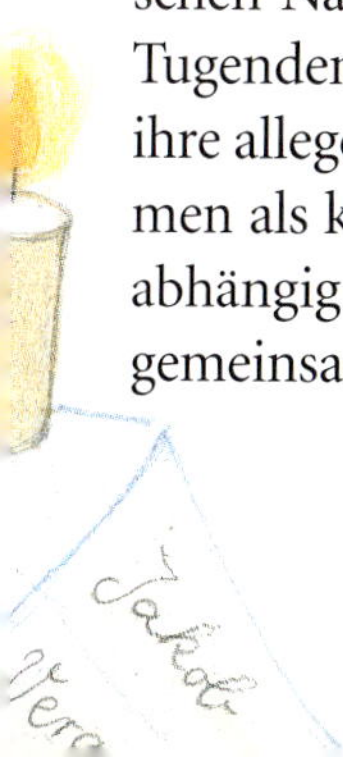

Götter und Himmelswesen

Angelus, *m* / Angela, *w: der Engel (lat.), Bote (griech.)*
→ *m:* Angelo *(ital.), Angel (span.)*
→ *w:* Angelina *(ital./span. Kurzname),* Aniela *(poln.)*
Angelika, *w: die Engelsgleiche*
→ *w:* Angélique *(frz.)*
Artemis / Artemisia, *w: Göttin der Natur, der Jagd und des Mondes (griech.)*
Åsa, *w: Gottheit, göttlich (nord., „Ossa" gesprochen)*
→ *m:* Oskar*: der Speer Gottes*
→ *w:* Astrid*: die göttlich Schöne,* Asta / Astra *(Kurzformen)*
Brighid, *w: Lichtgöttin (kelt.)*
→ *m:* Pirkka *(finn.)*
→ *w:* Birgit, Brigitte *(dt./frz.),* Brit / Britta / Gitta *(Kurzformen),* Bridget *(engl.),* Birgitta *(schwed.),* Birte *(dän. Kurzform),* Pirjo / Pirkko *(finn.)*
Diana, *w: Göttin der Natur, der Jagd und des Mondes (lat.)*
→ *w:* Diane, Dianne *(engl.)*
Dionysius, *m:* Dionysos *war der Gott des Weins (griech.); die Vorsilbe „dio" bedeutet allerdings auch allgemein Gott*
→ *m:* Dennis *(engl.),* Dion *(verbreitet in den USA),* Den, Denny *(engl. Kurzform),* Denis *(russ.),* Dénes *(ung.)*
Gaia, *w: Göttin der Erde (griech.)*
Ganesch, *m* / Ganescha, *w: Hindu-Gottheit, meist mit Elefantenkopf dargestellt (ind.)*
Herakles / Herkules, *m: Sinnbild für Stärke und Tapferkeit, Sohn des Zeus und der Alkmene (griech./lat.)*
Inge, *w: von der Gottheit Ingwio abgeleitet (germ.)*
→ *m:* Ingo, Ingolf, Ingmar, Ingvar *(skand.)*
→ *w:* Inga, Ingrid, Inger *(skand.)*
Iris, *w: Götterbotin (griech.)*
Irma, *w: von der Göttin Irmin abgeleitet (germ.)*
→ *w:* Emma
Jesus / Jesús, *m: der Retter, in Lateinamerika verbreitet; abgeleitet von* → Joschua, *s. „Gebete und Bibelzitate", S. 16*
Juno, *w: Himmelskönigin, Gattin des Jupiter (lat.)*
Kami, *w: Gottheit (jap.)*
Maja, *w: Göttin des Wachstums (lat.)*
Malak, *w: der Engel (arab.)*
→ *w:* Melek / Melekki *(türk.),* Maleika *(swa.)*
Maya, *w: Hindu-Göttin (ind.); wird auch als Kurzform verstanden von* → Maria, *s. „Namen aus der Reisetasche", S. 63*

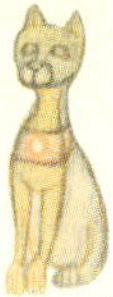

Nike, *w: Siegesgöttin (griech.)*
Pachet, *w: Katzengöttin (altägypt.)*
Selene / Selina, *w:*
Mondgöttin (griech.)
Sita, *w: Hindu-Göttin des Ackerbaus und der Ernte (ind.)*
Venus, *w: Göttin der Liebe (lat.)*

Gläubige und Gottesdiener

Abdullah, *m:*
der Diener Gottes (arab.)
Amadeus, *m* / Amadea, *w:*
der/die Gottliebende (lat.)
→ *m:* Amédée *(frz.)*, Amadeo *(ital.)*, Gottlieb *(eingedeutschte Fassung)*
Anastasius, *m* / Anastasia, *w: der/die Auferstandene (griech.)*
→ *w:* Nastasia, Nastassja
Ariel, *m* / Ariela, *w:*
der Löwe Gottes (hebr.)
→ *w:* Arielle *(frz.)*
Christian, *m* / Christiane, *w: der Christ/die Christin (griech./lat.)*
→ *m:* Chris *(Kurzform)*, Carsten *(niederdt.)*, Kris *(engl.)*, Kristian *(skand.)*
→ *w:* Kristiane, Christiana, Christine, Chris, Christel / Tina / Tine *(Kurzformen)*, Christelle *(frz.)*, Kerstin *(schwed.)*, Kirsten *(dän./norw.)*, Nina *(russ. Kurzform)*
Dominik, *m* / Dominika, *w:*
der/die zum Herrn Gehörende (lat.)
→ *m/w:* Dominique *(frz.)*
Gottschalk, *m:*
der Gottesdiener (germ.)
Pius, *m* / Pia, *w:*
der/die Fromme (lat.)
→ *w:* Piedad *(span.)*
Timotheus, *m:*
der Gott Verehrende (griech.)
→ *m:* Tim, Timm, Timothy *(engl.)*, Timo
Thorsten / Torsten, *m: der Stein Gottes (nord.)*

Spirituelle Leitfiguren und Heilige

Christoph, *m:*
der Träger Christi (griech.)
→ *m:* Christof, Christopher *(engl.)*, Christophoros *(griech.)*, Kristof *(skand.)*
Fatima, *w: Tochter des islamischen Propheten Mohammed (arab.)*
Franziskus, *m: nach dem Ordensbegründer Franz von Assisi (germ./roman.) → Varianten und Deutung s. „Namen aus der Reisetasche", S. 61 und „D wie Deutung" im A–Z, S. 81f*
Kilian, *m: irischer Missionar (gäl.)*
Lukas / Lucas, *m: einer der Evangelisten (lat.) → Varianten und Deutung s. „Namen mit Sinn und Zweck – Herkunft", S. 50*

Maria, *w: Gottesmutter, wird auf* Mirjam *zurückgeführt (hebr.)*
→ *Varianten und Deutung s.* *„Namen aus der Reisetasche", S. 63*
Mohammed / Muhammad, *m: der Gepriesene (arab.), Begründer und wichtigster Prophet des Islam*
Paulus, *m: einer der Apostel (lat.)*
→ *Varianten und Deutung s.* *„Namen mit Sinn und Zweck – Aussehen", S. 51*

Gebete und Bibelzitate

Amos, *m: der von Gott Getragene (hebr.)*
Daniel, *m* / Daniela, *w: „Gott ist mein Richter" (hebr.)*
David, *m: Liebling Gottes (hebr.)*
Elias, *m: „Jahwe ist Gott" (hebr.)*
→ *m:* Eli *(Kurzform)*, Elijah *(engl.)*, Elia *(hebr., ital.)*
Gabriel, *m* / Gabriela, *w: „Gott ist mein Held", „Gott hat sich stark gezeigt" (hebr.), einer der Erzengel*
→ *m:* Gabór *(ung.)*, Kaapo *(finn.)*
→ *w:* Gabriele, Gabi, Gaby, Gabrielle *(frz.)*, Gabriella *(ital.)*, Gabriela *(poln.)*
Immanuel, *m: „Gott ist mit uns" (hebr.)*
→ *m:* Emanuel, Manuel *(span./port.)*, Emanuele *(ital.)*, Emmanuel *(griech./frz.)*
→ *w:* Manuela *(span./port.)*, Emanuelle *(griech./frz.)*
Jakob / Jacob, *m: „Gott möge schützen" (hebr.)*
→ *m:* Jack / Jake / James / Jamie / Jim *(engl. Kurzformen)*, Jacques *(frz.)*, Giacobbe / Giacomo *(ital.)*, Jaime *(span.)*, Jakub *(tschech./poln.)*, Jakow / Jakov*(russ./hebr.)*, Yakub *(arab./türk.)*, Jaako *(finn.)*, Jaap *(nld. Koseform)*, Jakubu *(swa.)*
Jeremias, *m: „den Gott erhöht" (hebr.)*
→ *m:* Jeremy *(engl.)*
Jiska, *w: „Gott schaut" (hebr.)*
→ *w:* Jessika, Jessica *(engl.)*
Joachim, *m: „Jahwe möge aufrichten" (hebr.)*
→ *m:* Achim, Jochen, Joakim *(skand.)*, Aki *(finn.)*, Kim *(Kurzform)*
Joel / Joël, *m: „Jahwe ist Gott" (hebr.)*
→ *w:* Joelle *(engl.)*, Joëlle *(frz.)*, Joelina, Jolina
Joschua / Joshua, *m: „Jahwe ist Hilfe und Heil" (hebr.)*
Michael, *m* / Michaela, *w: „Wer ist wie Gott?" (hebr.), Erzengel*
→ *m:* Mick / Mike / Mikey *(engl. Kurzform)*, Michel *(frz.)*, Miguel *(span.)*, Mika *(skand.)*, Mischa (russ.)
→ *w:* Michelle *(frz.)*, Micaela *(ital./*

span.), Michalina *(poln.)*
Moses, *m: „Ich habe ihn aus dem Wasser gezogen" (hebr.)*
→ *m:* Mose, Moische *(jidd.)*, Moss *(engl.)*, Musa *(arab.)*
Noah, *m* / Noa, *m/w: „Beruhige dich, Gott!" (hebr.)*
→ *w:* Noe *(engl.)*, Noé *(frz.)*
Raphael, *m* / Raphaela, *w: „Gott heilt" (hebr.), Erzengel*
Ruben, *m: „Seht den Sohn" (hebr.)*
Samuel, *m: „Gott ist erhaben"(hebr.)*
→ *m:* Sam, Sammy *(engl. Kurzform)*
Simon, *m* / Simone, *w: „vom Herrn erhört" (hebr.) → Varianten s. „Namen mit Sinn und Zweck – Aussehen", S. 51*
Tobias, *m: „Jahwe ist gütig" (hebr.)*

Religiöse Tugenden
Agathe / Agatha, *w: die Tugendhafte (griech.)*
Agnes, *w: die Reine, Geheiligte (griech.)*
→ *w:* Agneta *(schwed.)*, Agnessa *(russ.)*, Ines *(span.)*
Alba, *w: die Weiße (lat.), Sinnbild der Unschuld*
Bianca, *w: die Weiße, Glänzende (ital.); Sinnbild der Unschuld*
→ *w:* Blanche *(frz.)*, Blanca / Blanka *(span./dt.)*
Candida, *w: die Reine (lat.)*
Faith, *w: Glaube (engl.), eine der Kardinaltugenden*
Grace / Gracia, *w: die Gnade Gottes (engl./lat.)*
→ *w:* Grazia, Gratia *(nld.)*
Hope, *w:* Hoffnung *(engl.), eine der Kardinaltugenden*
Imani, *w: der Glaube (swa.)*
Joy, *w: Freude in Gott (engl.)*
Katharina, *w: die Reine (griech.)*
→ *w:* Katherine, Katherina, Katrine, Karin, Kathrin, Katrin, Cathrin, Catrin, Kati / Käthe *(dt. Kurzformen)*, Kathrina *(engl.)*, Kathy / Katy / Kate *(engl. Kurzformen)*, Cathérine *(frz.)*, Caterina *(ital.)*, Catalina *(span.)*, Karen *(dän.)*, Katja / Katinka / Katenka *(slaw. Koseformen)*
Schafik, *m: der Barmherzige (arab.)*
Vera / Wera, *w: Glaube (russ.), auch als „wahr" interpretiert (lat.)*
Virginia, *w: die Jungfräuliche (lat.), verbreitet auch durch den römischen Geschlechternamen „Verginius"*

STARK WIE EIN BÄR

Namen aus dem Tierreich

MILVA
ROBIN
MERLE
DEBORAH
LEA
SUNA
PALOMA
MELISSA
URSULA
TABEA
BERNADETTA
RACHEL
Leonie

M*ein Mäuschen, mein kleines Häschen, mein süßes Kätzchen, mein Kuschelbär* ... Tiere sind niedlich und flauschig, verschmust und treu – Tiere sind ideale Paten für Kosenamen. Tiere sind aber auch stark und dämonisch, wild und gefährlich, schnell und bedrohlich. In allen frühen Kulturen, in jedem Naturvolk wurden und werden Tiere als Gottheiten oder spirituelle Wesen verehrt, und die Menschen versuchten deren animalische Kraft auf sich zu lenken. Schamanen üben ihre Magie mit Tiermasken aus, auf Kleidung genähte Raubtierzähne zeigen nicht nur das Jagdglück des Trägers, sondern lassen auch die Kräfte des erlegten Tieres auf ihn übergehen.

Weniger riskant, als Bärenklauen zu erjagen, ist es, ein Kind nach einem Tier zu benennen – und poetischer ist es auch noch: Was wäre unsere ganze Indianerliteratur ohne herrlich bildhafte Namen wie *Schnelles Pferd* und *Hinkende Krähe?* Bevor Sie nun Ihren Sohn beim Standesamt als *Sitzenden Büffel* eintragen lassen – schließlich hieß ja einer der berühmtesten Häuptlinge der Welt so –, sehen Sie sich vielleicht doch einmal

unter den bei uns
gebräuchlichen Namen um.
Arnold könnte man mit „der mächtige Adler“,
Bernhard mit „starker Bär“ und *Bertram* mit „der glänzende Rabe“ übersetzen. Auch wir haben sprechende Namen – man muss sie nur entschlüsseln.

Während die „starken Jungsnamen“ gerne aus dem Wildtiergehege kommen, werden bei Mädchen eher etwas freundlichere Tiere als Patinnen gewählt: *Melissa,* die Biene, steht für Fleiß und Fruchtbarkeit, *Paloma,* die Taube, für Sanftmut und Frieden. *Ursula* ist eine kleine Bärin, und der aus der Türkei stammende Mädchenname *Suna* trägt Anmut und Schönheit in sich. Dass *Suna* eigentlich ein männliches Tier ist, nämlich ein Erpel, ist in der metaphernreichen türkischen Sprache weniger wichtig als die Vision seines prächtigen Federkleids.

Löwe

Arie, *m (hebr.)*
Asad, *m (arab.)*
Aslan / Arslan, *m (türk.)*
Babar, *m (türk.)*
Laith, *m (arab.)*
Leo, *m (lat.)*
→ *m:* Leon, Lionel *(engl.)*, Léon / Léonce *(frz.)*, Lion *(jidd.)*, Leão *(port.)*, Leõn *(griech.)*, Leoš *(tschech.)*, Lev / Lew / Lyov *(slaw.)*, Llew *(walis.)*
→ *w:* Leonie / Leoni, Léonie / Léonce *(frz.)*, Leona *(engl.)* Ljowa *(russ.)*
Leandros, *m: Löwenmann (griech.)*
→ *m:* Leander, Leandro *(ital.)*
→ *w:* Leandra
Leonhard, *m:*
stark wie ein Löwe (germ.)
→ *m:* Leonard, Leonardo *(ital.)*, Lennart / Lennard *(skand.)*
Leonidas, *m: Sohn des Löwen (griech.)*
→ m: Leonid *(russ.)*
Simba, *m (swa.)*

Wolf

Bleddyn, *m: der kleine Wolf (walis.)*
Lope, *m (span.)*
Lovell, *m: der Wolfswelpe (engl.)*
Radolf, *m: aus Rat und Wolf gebildet (germ.)*
→ m: Ralf, Raoul *(frz.)*, Raúl *(span.)*
Rudolf, *m* / Rudolfine, *w: aus Ruhm und Wolf gebildet (germ.)*
→ *m:* Dolf, Rolf, Rudi, Rodolphe *(frz.)*, Rüedi *(schweiz.)*, Ruud *(nld.)*
Sarhan, *m (arab.)*
Ulf, *m* / Ylva, *w: (nord.)*
Wolf, *m (germ.)*
Wolfgang, *m: aus Wolf und Gehen gebildet (germ.)*
Wolfram, *m: aus Wolf und Rabe gebildet (germ.)*

Bär

Ber, *m (jidd.)*
Bernhard, *m: der Bärenstarke (germ.)*
→ *m:* Bernd, Bernard *(engl./frz.)*, Bernardo, Bernadino *(ital./span.)*, Bernt *(skand.)*
→ *w:* Bernadette, Bernadine, Bernardetta *(ital.)*
Bertram, *m: aus Bär und Rabe gebildet (germ.)*
Björn, *m (nord./skand.)*
Honon, *m (indian.)*
Orson, *m: der kleine Bär (norm.)*
Urs, *m (lat.)*
→ *w: Ursula, Ursel, Uschi*

Pferd

Jorid, *w: schön wie ein Pferd (nord.)*
Philipp, *m: der Pferdefreund (griech.)*
→ *m:* Philip, Phil *(engl. Kurzform)*, Filippo *(ital.)*, Filip *(nld./poln./tschech.)*, Felipe *(span.)*
→ *w:* Philippa *(in England*

verbreitet), Pippa *(engl. Kurzform)*
Rosalind / Rosalinde, *w: sanft wie ein Pferd (germ.)*
Rosamunde, *w: aus Pferd und Schutz gebildet*
Roswitha, *w: stark und schnell wie ein Pferd (germ.)*

Greifvögel

Ari, *m: der Adler (nord.)*
→ *m:* Are / Arne *(skand.)*
Arnold, *m: aus Adler und Herrscher gebildet (germ.)*
→ *m:* Arnd, Arno, Arnaud *(frz.)*, Arnaldo *(span./ital.)*
Falko, *m: der Falke (germ.)*
→ *m:* Falk *(dt./engl.)*, Falco *(ital.)*
Haitham, *m: der Adler (arab.)*
Liluye, *m: das Falkenjunge (indian.)*
Milva / Milvia, *w: der Falke (lat.)*
Paco, *m: der Falke (indian.)*
Schahin, *m: der Wanderfalke (pers.)*

Weitere Vögel

Bulbul, *m: die Nachtigall (arab.)*
Jonas / Jona, *m: die Taube (hebr.)*
Kolomba / Kolumbine, *w: die Taube (griech.)*
Larissa, *w: die Möwe (griech.)*
→ *w:* Lara *(russ.)*
Merle, *w: die Amsel (lat.)*
Paloma, *w: die Taube (lat.)*
Robin, *w/m: das Rotkehlchen (engl.)*
Sula, *w: der Tölpel, ein Seevogel (isl.)*
Suna, *w: der Erpel (türk.)*
Swantje / Swaantje, *w: der kleine Schwan (niederdt./fries.)*

Andere Tiere

Bakr, *m: das junge Kamel (arab.)*
Debora, *w: die Biene (hebr.)*
→ *w:* Debbie *(engl. Kurzform)*
Delphina, *w: der Delphin (griech.)*
Eberhard, *m: stark wie ein Eber (germ.)*
Fahd, *m: der Gepard (arab.)*
Jael / Yael, *w: die Bergziege (hebr.)*
Kameko, *w: die Schildkröte (jap.)*
Kimama, *w: der Schmetterling (indian.)*
Krischna, *m: die schwarze Antilope (ind.)*
Lea, *w: die Wildkuh (hebr.)*
Maha, *w: die Wildkuh (arab.)*
Malila, *w: der stromaufwärts schwimmende Lachs (indian.)*
Melissa / Melitta, *w: die Biene (griech.)*
Paka, *w: das Kätzchen (swa.)*
Pat, *m: der Fisch (indian.)*
Rachel / Rahel, *w: das Lamm / das Mutterschaf (hebr.)*
Rim, *w: die Gazelle (arab.)*
Tabea, *w: die Gazelle (hebr.)*
→ *w:* Tabita *(Kurzform)*
Yunus, *m: der Delphin (türk.)*

STOLZ WIE EINE ROSE, DUFTEND WIE EIN VEILCHEN

Namen aus dem Blumengarten

Ivy
Hortensia
Flora
Petunia
Daisy
Jasmin
Malve
Poppy
Nurit

Im 19. Jahrhundert begannen zierliche Wesen mit Schmetterlingsflügeln und Blumengesichtern durch angelsächsische Bücher und Bilder zu flattern: Im Viktorianismus hatten Elfen und kleine Blumenfeen Hochkonjunktur. Gleichzeitig erblühte eine bis dahin nicht bekannte Fülle an Blumennamen.

Als Symbol zweckfreier Schönheit und damit als Ausdruck eines gewissen Lebensluxus – der darin bestand, die Natur nicht nur zu bearbeiten, sondern auch zu genießen – kam es zu einem Boom an Blumennamen: *Lilly, Daisy, Poppy* und *Heather* wurden ebenso wie blühende Büsche, zum Beispiel *Hazel,* zu ungemein beliebten Namenspatinnen. Blumennamen gab und gibt es allerdings auch in anderen Ländern – wahrscheinlich sind sie ebenso verbreitet wie Blumensamen. Eine besondere Fülle findet sich in Japan, dem Land der Ästhetik und Naturpoesie. In unserem Kulturkreis spielten sie lange Zeit eine eher untergeordnete Rolle – bei den alten Germanen war das Klima wohl zu rau für zarte Pflanzen.

Viele deutsche Namen, die im Volksverständnis aus dem Blumengarten kommen, haben eigentlich einen ganz anderen Ursprung: *Heide* kommt von *Adelheid,* und die viel besungene *Rosamunde* hat ihre ursprünglichen Sprachwurzeln nicht im Blumenbeet, sondern im Pferdestall: Ros wie Ross.

Letztlich verdanken wir es dem kulturellen Austausch, dass unser ehemals karger Blumengarten heute eine so große Fülle an Namen bietet. Nur eines werden Sie in den Rabatten hier und überall auf der Welt vergeblich suchen: Jungs. *Florin* und *Florian,* die Blühenden, stehen zwar unter dem Schutz der Blumengöttin *Flora,* tragen ihre Namen aber als Ausdruck des blühenden Lebens.

Blume und Blühendes

Anthea, *w: die Blühende (griech.)*
Ayaka, *w: das bunte Blütenblatt (jap.)*
Blume, *w: die Blume (jidd.)*
Flora, *w: die Blume, auch Göttin der Blüte und des Frühlings (lat.)*
→ *m:* Florus, Florin, Florian, Florestan, Florens, Florentius
→ *w:* Floreen / Florencia *(engl.)*, Florence *(engl./frz.)*, Florentine / Florine / Fleur *(frz.)*, Fiorenza / Florinda *(ital.)*, Fiorella / Fioretta *(kleine Blume, ital.)*, Flor *(span.)*
Hana, *w: die Blume (jap.)*
Hanako, *w: das Blumenkind (jap.)*
Hoa, *w: die Blume (vietnam.)*
Hua, *w: die Blume (chin.)*
Kukka, *w: die Blume (finn.)*
Kusuma, *m: die Blume (indon.)*
Leilani, *w: die himmlische, königliche Blume (hawaiian.)*
Luljeta, *w: die Blume des Lebens (alb.)*
Sahra, *w: die Blume, Blüte (arab.)*
→ *w:* Sohra, Sahara

Rose

Aygül, *w: die Mondrose (türk.)*
Ghonscheh, *w: die Rosenknospe (pers.)*
Golru, *w: das Rosengesicht (pers.)*
Gül, *w (türk.)*
Gulistan, *w: der Rosengarten (kurd.)*
Nasrin, *w: die Wildrose (pers.)*
Ogin, *w: die Wildrose (indian.)*
Rosa, *w (lat.)*
→ *w:* Rosemarie / Rosmarie, Rosi(e) / Romy *(Kurzformen)*, Rosalind/e, Rosanna *(engl.)*, Rosalie / Roselle *(frz.)*, Rosalia *(ital.)*, Rosalba *(ital., die weiße Rose)*, Rosella / Rosetta / Rosina *(ital. Kurzformen)*, Reise *(jidd.)*, Roosa *(finn.)*, Rosika *(ung.)*, Róza *(poln.)*, Ruža *(serb.)*, Rosotschka *(russ. Koseform)*
Warda, *w (arab.)*

Verschiedene Blumen und blühende Büsche

Camille, *w: die Kamelie (frz.), wird auch vom römischen Geschlechternamen „Camillus“ abgeleitet*
→ *w:* Camilla, Kamilla
Dahlia, *w: die Dahlie (schwed.), benannt nach dem schwed. Botaniker Andreas Dahl*
Daisy, *w: das Gänseblümchen, die kleine Margerite (engl.)*
Erika, *w: das Heidekraut (griech.), wird allerdings auch abgeleitet von → Erich s. „Hohe soziale Stellung“, S. 43*

Ginger, *w: der Ingwer, rötlichgelb (engl., aus dem Ind. stammend)*

Heather, *w: das Heidekraut (engl.)*

Heide, *w: das Heidekraut (germ.), wird aber auch abgeleitet von → Adelheid s. „Soziale Eigenschaften", S. 42*
→ *w:* Heidemarie, Heidegard, Heiderose

Hortense / Hortensia, *w: die Hortensie (lat.), vom röm. Geschlechternamen „Hortus" (Garten) abgeleitet*

Iris, *w: die Schwertlilie (griech.)*

Ivy, *w: der Efeu (engl.)*

Jasmin / Yasmin / Yasemin, *w: der Jasmin (pers./türk./arab.)*

Juri, *w: die kleine Lilie (jap.)*

Lale, *w: die Tulpe (türk.)*

Lan, *w: die Orchidee (chin.)*

Lilac, *w: der Flieder (engl.)*

Lilia, *w: die Lilie (lat.)*
→ *w:* Lilie, Lilla, Lily / Lillian *(engl.)*, Lilja *(schwed.)*

Linnéa, *w: benannt nach dem nordischen Moosglöckchen, das wiederum von dem Botaniker Carl von Linée entdeckt und nach ihm benannt wurde (schwed.)*

Magnolia, *w: die Magnolie, benannt nach dem Botaniker Pierre Magnol (frz.)*
→ *w:* Manolya *(türk.)*

Malva / Malve, *w: die Malve (lat.)*
→ *w:* Mauve *(frz.)*

Marguerite, *w: die Margerite (frz.); das große Gänseblümchen erhielt seinen Namen, weil seine Blütenblätter einem Perlenkranz gleichen*
→ *Varianten s. „Fels, Edelstein und Metall", S. 35f*

Marigold, *w: die Ringelblume (engl.)*

Mulan, *w: die Magnolienblüte (chin.)*

Nurit, *w: die Butterblume (hebr.)*

Petunia, *w: die Petunie (indian./port.)*

Poppy, *w: die Mohnblume (engl.)*

Sakura, *w: die Kirschblüten (jap.)*

Susanne, *w: die Lilie (hebr.)*
→ *w:* Susa, Suse, Susi, Suzanna / Susannah / Susan *(engl.)*, Sue / Suzy *(engl. Kurzformen)*, Susanna *(ital.)*, Suzanne *(frz./engl.)*, Suzette *(frz. Koseform)*, Susana *(span.)*, Zuzanna *(poln.)*, Sanna *(skand. Kurzform)*, Schoschana / Shoshana *(hebr., verbreitet in den USA, Israel und einigen orientalischen Ländern)*, Sausan *(arab.)*

Viola, *w: das Veilchen (lat.)*
→ *w:* Violet *(engl.)*, Violette *(frz.)*, Violetta *(ital.)*

Esther
Stella
Lucia
Luna
KAI
Pearl
Undine

UNVERRÜCKBAR WIE EIN FELS

Namen aus der Natur

Welche Assoziationen weckt der Begriff „Meer“ bei Ihnen? Gefahr und Gewalt? Ungezähmte Kraft, unendliche Weite? Kommen und Gehen? Oder denken Sie schlicht an die Schönheit des Meeres, seine beruhigende Wirkung, die Entspannung, die Sie an seinen Stränden erleben? Ein Name wie der in der Türkei beliebte *Deniz,* der eben „Meer“ bedeutet, weckt starke innere Bilder und öffnet einen weiten Deutungsraum.

Namen, die auf Naturphänomene zurückgehen, sind insbesondere in den metaphernreichen Sprachen des Orients und Asiens beliebt. Um die ihnen eigene poetische Kraft noch zu steigern, kombiniert man auch gerne Begriffe und schafft damit wunderschöne Kompositionen wie *Yusuki,* japanisch für „Schneemond“, oder *Aygül* und *Gülay,* türkisch für „Mondrose“ und „Rosenmond“.

Ihre starke sinnbildliche Kraft ließ Namen aus der Natur immer wieder zu offiziellen Symbolen werden. *Árpád,* das „Saatkorn“ oder „Gerstenkorn“, nannte sich der Befreier der Magyaren und Begründer der ersten ungarischen Herrscherdynastie. *Adam* wird sowohl auf den Begriff „Mensch“ als auch auf „Ackerboden“ zurückgeführt: Gott pflügte seine Erde, formte daraus den ersten Menschen und hauchte ihm den Geist des Lebens ein. Im christlichen Kulturkreis am bekanntesten ist die große Bedeutung, die dem Beinamen des Apostels *Simon* zukam: Er erhielt ihn, als Jesus ihn mit den folgenden Worten zum Vater seiner Kirche machte: „Du bist *Petrus,* und auf diesem Felsen will ich bauen meine Gemeinde.“

Sonne,
Mond und Sterne

Aftab, *m: die Sonne (pers.)*
Aylin, *w: der Mondschein (türk.)*
Badr, *w: der Vollmond (arab.)*
Chandra / Schandra, *m/w: der Mond (ind.)*
Esther, *w: der Stern (hebr./pers.)*
→ *w:* Estrella *(span.)*, *Eszter (ung.)*
Gülay, *w: der Rosenmond (türk.)*
Hala, *w: der Hof um den Mond oder die Sonne (arab.)*
Hilal, *m/w: der Sichelmond (arab.)*
Hoshi, *w: der Stern (jap.)*
Jacy, *m: der Mond (indian.)*
Kamar, *m/w: der Mond (arab.)*
Kaukab *w: der Stern (arab.)*
Lucius / Lucia, *w: der/die Leuchtende (lat.)*
→ *m:* Lucien *(frz.)*, Luciano *(ital.)*
→ w: Lucie / Lucy *(engl.)*, Lucille *(frz., verbreitet in den Südstaaten der USA)*
Lulani, *w: der höchste Punkt am Himmel (hawaiian.)*
Luna, *w: der Mond (lat.)*
Ming, *m: das Licht (chin.)*
Naladi, *w: der Stern (zul.)*
Nadschm, *m* / Nadschma, *w: der Stern (arab.)*
→ *m:* Necmi *(türk.)*
Parvin, *w: der Stern (pers.)*
Schams, *m/w: die Sonne (arab.)*
Sitara, *w: der Morgenstern (indian.)*
Sol, *m/w* / Solita, *w: die Sonne (lat./span.)*
Stella, *w: der Stern (lat.)*
Sünje, *w: die Sonne (fries.)*
Tara, *w: der Stern (ind.)*
Tecumseh, *m: die Sternschnuppe (indian.), bedeutender Indianerhäuptling*
Yang, *m/w: die Sonne (chin.)*
Yusuki / Jusuki, *m: der Schneemond (jap.)*

Meer
und Wasser

Ada, *w: die Insel (türk.)*
Deniz, *m/w: das Meer (türk.)*
Joko / Yoko, *w: das Kind des Meeres (jap.)*
Jordan, *m: Name des Flusses, in dem Jesus getauft wurde (hebr.), verbreitet in den USA*
→ *m:* Judd *(engl. Kurzform)*
Kai, *m: das Meer (hawaiian.)*
Kenn, *m: der vom klaren Wasser (walis.)*
Lynn / Lynne, *w: die vom kleinen Wasserfall (gäl.)*
Marina, *w: die aus dem Meer Kommende, wird allerdings auch auf den römischen Geschlechternamen „Marius" zurückgeführt (lat./ital.)*

Melusine *w: Meerfrau (frz.)*
Moana, *w: der Ozean (hawaiian.)*
Sabrina, *w: Nymphe des Flusses Severn (kelt.)*
Undine, *w: Nixe, von „unda“ = Welle (lat.)*
→ *w:* Ondine *(frz.)*

Tag und Nacht

Akiko, *w: das Sonnenlicht des Morgens (jap.)*
Anatol, *m: der Sonnenaufgang, der aus der Gegend des Sonnenaufgangs (griech.)*
Aurora, *w: die Morgenröte (lat.)*
→ *w:* Aurore *(frz.)*, Zora *(slowak./serb./kroat./bulg.)*
Dawn, *w: die Morgendämmerung (engl.)*
Eve, *w: die Abenddämmerung (engl.)*
Laila / Leyla / Leila, *w: die Nacht, der Abend (arab.)*
Nur, *w: Licht (arab.)*
→ *m:* Nuri
→ *w:* Nura, Nora
Pamina, *w: die Vollmondnacht (griech.)*
Roxana / Roxane, *w: die Morgendämmerung (pers.), verbreitet im englischsprachigen Raum*
Sabah, *w: der Morgen (arab.)*
Sahar, *w: die Morgendämmerung (arab.)*
Sanuye, *w: die Wolke im Abendrot (indian.)*

Fels, Edelstein und Metall

Aurel, *m: der Goldene (lat.), verbreitet durch den römischen Geschlechternamen „Aurelius“*
→ *m:* Aurèle *(frz.)*, Aurelio *(ital./span.)*
→ *w:* Aurelia, Aurélie *(frz.)*
Demir, *m: das Eisen (türk.)*
Dhahab, *w: das Gold (arab.)*
Elektra, *w: der Bernstein (griech.)*
Fairus, *w: der Türkis (arab.)*
Gemma, *w: der Edelstein (ital.)*
Goldie, *w: die Goldene (engl.)*
Inçi*: die Perle (türk.)*
Jade, *w (span.), verbreitet im englischsprachigen Raum*
Jawahir, *w: das Juwel (arab.)*
→ *w:* Jewel *(engl.)*
Jin, *m: das Gold (chin.)*
Jumana, *w: die Perle (arab.)*
Kaya, *m: der Fels (türk.)*
Kim, *m/w: das Gold (kor.)*
Kito, *m: der Edelstein (swa.)*
Margaretha, *w: die Perle (griech.)*
→ *„Verschiedene Blumen“, S. 29*
→ *w:* Margarethe, Margarete,

Margrit, Grete, Gretchen *(dt. Koseform, in den USA verbreitet),* Margaret / Marjorie *(engl.),* Maggy / Meggy / Meg *(engl. Kurzformen),* Marguerite / Margot *(frz.),* Rita *(span.),* Margit / Greta / Marit / Merete / Mette *(skand.),* Margrit *(dän.),* Margrit / Meta / Grid *(nld.),* Griet *(nld.)*

Opal, *w (engl.), ursprünglich aus dem Ind.*

Pearl, *w: die Perle (engl.)*

Petrus*: der Fels (lat.), Sinnbild für Standhaftigkeit*

→ *m:* Peter, Pit, Pete *(engl. Kurzform),* Pierre *(frz.),* Piero / Pietro *(ital.),* Pedro *(span.),* Piotr *(russ.),* Peer / Per *(skand.)*

→ *w:* Petra, Pierette / Perette *(frz.),* Piera *(ital),* Pierke *(fries.)*

Rocco, *m: hart wie Stein (ital.)*

→ *m:* Rocky *(engl.)*

Rochelle, *w: der kleine Fels (frz.), verbreitet in den USA*

Silver, *w: das Silber (engl.)*

Zoltán, *m: das Gold (ung.)*

→ *m:* Zlatan / Zlatko *(slaw.)*

Wald und Bäume

Ashley, *m/w: der Eschenhain (engl.)*

Björk, *w: die Birke (schwed./isl.)*

→ *m:* Birk *(dän.)*

Guido, *m: Kind des Waldes (ital./roman.), abgeleitet von Widukind (germ.)*

→ *m:* Guy *(engl.)*

Hazel, *w: die Haselnuss (engl.)*

Holly, *w: die Stechpalme (engl.)*

Jassen / Yassen, *m: die Eiche (bulg.)*

Kalina, *w: der Schneeballstrauch (russ.)*

Kersen, *m: der Kirschbaum (kor.)*

Laurentius, *m: der Lorbeer (lat.), verbreitet durch den römischen Geschlechternamen*

→ *m:* Laurin, Laurenz, Lorenz, Lenz, Lawrence *(engl.),* Laurent *(frz.),* Lorenzo *(ital.),* Lars / Lasse *(skand.)*

→ *w:* Laurentia, Laura, Lore, Lora, Laurel / Lauren *(engl.),* Laurette *(frz.),* Lorena *(ital.),* Lauretta *(ital. Koseform),* Lara *(russ. Kurzform)*

Naoki, *m: der aufrechte Baum (jap.)*

Oliver, *m* / Olivia, *w: der Olivenbaum/-zweig (lat.)*

→ *m:* Olivier *(frz.)*

→ *w:* Olive *(engl./frz.)*

Oren, *m: die Pinie (hebr.)*

Silvan, *m: von Silvanus, dem altrömischen Gott des Waldes, des Feldes, der Herden (lat.)*
→ m: Silvain *(frz.)*, Silvano *(ital.)*
→ *w:* Silvana
Silvius, *m* / Silvia, *w: der Wald (lat.)*
→ *w:* Sylvie *(frz.)*
Song, m: die Kiefer *(chin.)*

Landschaften und weiteres

Árpád, *m: das Gerstenkorn (ung.)*
Holm, *m: der Inselbewohner (nord.)*
Minonan, *w: der milde Wind (gäl.)*
Ronja, *w: beliebt durch Astrid Lindgrens „Ronja Räubertochter", die die Figur stark mit der Landschaft Nordschwedens verbunden sah und dem Ort Juronjaurekote zwei Silben entlehnte*
Scharon / Shari, *w: die Ebene (hebr.)*
Sidney, *m/w: das weite Weideland (altengl.)*
Soyala, *w: die Wintersonnenwende (indian.)*
Yuki / Juki, *m/w: der Schnee (jap.)*
Yul, *m: jenseits des Horizonts (mong.)*

GEMEINSAM SIND WIR STARK

Namen vom Zusammensein

Regina
Sebastian
WILHELM
KONSTANTIN
Alex
RUTH
Mathilde

Es ist nicht gut, dass der Mensch allein sei“, heißt es in der Bibel. Ohne Eva war das Paradies für Adam kein Paradies, ohne ein „Wir“ fühlt das „Ich“ sich nicht wohl. Menschen sind soziale Wesen und brauchen einander zum Glücklichsein wie zum Überleben. Viele unserer Namen gehen daher auf soziale Eigenschaften zurück. Erhoffen Sie für Ihr Kind Weisheit und Klarsicht? Damit wird eine *Sophia* nicht nur ihr eigenes Leben gut meistern, sondern auch wertvoll für die Gemeinschaft sein. *Justus*, der Gerechte, hat eine wichtige Funktion in jeder Gesellschaft – und *Serena*, die Gelassene, macht nicht nur sich, sondern auch ihrer Umwelt das Leben leichter.

Miteinander und *füreinander* sind die entscheidenden Stichworte bei allen sozialen Namen – aber leider auch *gegeneinander*. So, wie kein Land dieser Erde vom Krieg verschont blieb, gibt es auch kein Volk ohne Namen, die Kampfbereitschaft und Kriegskunst ausdrücken. Zu den Königen dieser kriegerischen Namen zählten wohl die Germanen. Ihre Namen bestehen meist aus zwei, manchmal recht willkürlich zusammengesetzten Bedeutungseinheiten. Die

Wahrscheinlichkeit, dass zumindest eine davon etwas mit Kampf oder Waffen zu tun hat, ist hoch, und das gilt für weibliche Namen fast genauso wie für männliche: Bei *Gerlinde* zum Beispiel steht die „-linde“ für Schönheit, „Ger“ jedoch für den Speer. Kein Wunder, denn entstanden sind diese Namen in den Zeiten der Völkerwanderung, als die vielen umherziehenden Stämme Zentraleuropa zum ständig brodelnden Krisenherd machten und Wehrhaftigkeit überlebensnotwendig war. Bei den heute noch geläufigen germanischen Namen geriet die Bedeutung oft früh in Vergessenheit oder wurde durch die Heiligsprechung eines Namensträgers quasi umgekehrt.

Sollten Sie dennoch jede Kriegsassoziation vermeiden wollen, gilt: Wo Krieg herrschte, kehrte zum Glück auch irgendwann wieder Frieden ein. Von *Irene* bis *Paz*, von *Kazuko* bis *Salma* an Friedensnamen gibt es reichlich Auswahl, hier und überall auf der Welt.

Soziale Eigenschaften

Adelheid, *w: von edler Art und Gestalt (germ.)*
→ *w:* Adele, Heide, Heidemarie, Heidelore, Heidelinde, Heidi, Adélaïde *(frz.)*, Alina *(Kurzform)*
Amalia / Amalie, *w: die Tüchtige (germ.)*
→ *w:* Amelie, Amelia, Amely *(engl.)*, Amy *(engl. Kurzform)*, Amélie *(frz.)*, Malika *(ung.)*, Malka *(tschech.)*
Amin, *m: der Vertrauenswürdige (arab.)*
Asa, *w: die Heilende (hebr.)*
Clemens, *m* / Clementine, *w: der/die Gütige (lat.)*
→ *m:* Klemens, Clément / Clémentin *(frz.)*
Darius, *m: der das Gute besitzt (lat.)*
→ *m:* Dariusz *(poln.)*, Dario *(ital.)*, Dareios *(griech.)*
→ *w:* Daria *(lat.)*
Dobre, *w: die Gute (jidd.)*
Hassan, *m: der Gute (arab.)*
Hiroshi, *m: der Großzügige (jap.)*
Jason, *m: der Heilende (griech.)*
Jun, *m: der Gefühlsreiche (jap.)*
Justus, *m: der Gerechte (lat.)*
→ *m:* Justin, Just *(Kurzform)*
→ *w:* Justina, Justine *(frz.)*
Kajika, *w: die Geräuschlose (indian.)*
Karim, *m* / Karima, *w: der / die Großzügige (arab.)*
→ *m, w:* Kerim / Kerime *(türk.)*
Kaspar / Caspar, *m: Schatzbewahrer, Schatzmeister (pers.)*
→ *m:* Jaspar *(niederdt.)*, Jesper *(dän.)*
Khalil, *m: der gute Freund (arab.)*
Konrad: *Zusammensetzung aus kühn und Rat (germ.)*
→ *m:* Kunz / Kurt *(Kurzformen)*
Konstantin / Constantin, *m: der Beständige (lat.)*
→ *m:* Konstantyn *(poln.)*
→ *w:* Konstantina, Konstanze, Constanze, Conny, Connie
Lalita, *w: die Reizende (ind.)*
Latif, *m* / Latifa, *w: der/die Freundliche (arab.)*
Levin / Lewin, *m: der liebe Freund (engl.)*
Mahmud*: der Gepriesene, Lobenswerte (arab.)*
Mona, *w: die Edle (gäl.)*
Naschita, *w: die Fleißige (arab.)*
Ping, *m: der Gerechte (chin.)*
Raschid, *m* / Raschida, *w: der/die Kluge (arab.)*
Ruth, *w: die Freundin (hebr.)*
Samir, *m* / Samira, *w: die unterhaltende Begleitung (arab.)*
Serena, *w: die Gelassene (lat.)*
Sophia / Sofia, *w: die Weise (griech.)*

→ *w:* Sophie, Sonja *(russ. Kurzform)*
Xenia, *w:*
die Gastfreundliche (griech.)

Hohe soziale Stellung
Ali, *m: der Erhabene (arab.)*
Amir, *m* / Amira, *w:*
der Fürst / die Fürstin (arab.)
Brendan, *m: der Prinz (gäl.)*
Brian / Bryan, *m: der Edle (gäl.)*
Donald, *m: der Weltherrscher (gäl.)*
Earl, *m: der Baron (engl.)*
Erik / Erich, *m:*
der Alleinherrscher (nord.)
→ *w:* Erika
Frank, *m* / Franka, *w: der/die Freie (germ.)* → *„D wie Deutung“ im A–Z, S. 81f*
Frauke, *w: die Herrin (germ.)*
Heinrich, *m:*
der Herr im Haus (germ.)
→ *m:* Hinrich, Heinz, Hinz, Heino, Heintje, Heiko, Henry *(engl.)*, Henri *(frz.)*, Enrico *(ital.)*, Enzo *(ital. Kurzform)*, Enrique *(span.)*, Hendrik / Henrik *(skand.)*, Andrin *(rät.)*
→ *w:* Henrike, Henriette, Heike, Harriett *(engl.)*, Enrica *(ital.)*
Malkah, *w: die kleine Königin (hebr.)*
Malte, *n: der Herrscher (niederdt.)*
Martha, *w: die Herrin (hebr.)*
Mustafa, *m: der Erwählte (arab.)*
Otto, *m*, Oda, *w:*
der/die Besitzende (germ.)
→ *m:* Odo, Udo
→ *w:* Odina, Ottilie, Odilia, Uta, Ute
Patricius, *m* / Patricia, *w: eine aus edler Familie stammende oder dem Senat angehörende Person (lat.)*
→ *m:* Patrick *(gäl./engl.)*, Patrice *(frz.)*, Patricio *(ital.)*, Patrizio *(span./port.)*
→ *w:* Patrizia, Pat / Paddy / Trisha / Tricia *(engl. Kurzformen)*
Regina, *w: die Königin (lat.)*
Richard, *m: der starke Herrscher*
→ *m:* Rick / Richie / Dick *(engl. Kurzformen)*, Riccardo *(ital.)*, Ricardo *(span.)*
→ *w:* Ricarda
Ryan, *m: der kleine König (gäl.)*
Sara / Sarah, *w: die Fürstin (hebr.), Stammesmutter der Israeliten*
→ *w:* Sarina
Sebastian, *m: der Erhabene (griech.)*
→ *m:* Bastian, Basti, Bastien *(frz.)*
→ *w:* Bastienne *(frz.)*
Ulrich, *m* / Ulrike, *w:*
Herrscher über das Ererbte (germ.)
→ *m/w:* Uli, Ulli, Ulla
Waldemar, *m:*
der ruhmreiche Herrscher (germ.)
Yuma, *m:*
Sohn eines Führers (indian.)

Krieg und Kampf

Alexander, *m* / Alexandra, *w: Verteidiger (griech.)*
→ *m:* Alex, Alec *(engl.), Alexandre (frz.),* Alessandro / Alessio *(ital.),* Alejandro *(span.),* Aléxandros / Alexis *(neugriech.),* Sascha *(russ. Kurzform),* Sándor *(ung.)*
→ *w:* Sandra, Alexa, Sanja, Sascha *(russ. Kurzform),* Alessia *(ital.)*

Boris / Borislav, *m: der ruhmreiche Kämpfer (russ./bulg.)*

Cedric, *m: der Kriegsherr (gäl.)*

Einar, *m: der Krieger (skand.)*

Gertrud / Gertraud, *w: gebildet aus Speer und Kraft (germ.)*

Gisela, *w: die Geisel (germ.)*

Hermann, *m: der Krieger (germ.)*

Jun, *m: der Soldat (chin.)*

Kelly, *m/w: der Krieger (gäl.)*

Kiley, *w: der Bumerang (austr.)*

Leopold, *m: der Kühne aus dem Volk (ahd.)*
→ *m:* Luitpold, Poldi *(bayr.),* Leopoldo *(ital./span./port.),* Léopold *(frz.)*

Ludwig, *m: der berühmte Kämpfer (germ.)*
→ *m:* Lutz, Lewis *(engl.),* Louis *(frz.),* Ludovico / Luigi *(ital.),* Luis *(span.),* Lajos *(ung.)*
→ *w:* Luise, Luisa, Louise *(frz.)*

Martin, *m* / Martina, *w: vom römischen Kriegsgott Mars abgeleitet (lat.)*

Mathilde, *w: gebildet aus Macht und Kampf (germ.)*
→ *w:* Matilda, Maud / Tilda *(engl.),* Mafalda *(ital./port.),* Mette *(niederdt.),* Tilde *(dän.)*

Muhannad, *m: das Schwert (arab.)*

Rami, *m: der Schütze (arab.)*

Saif, *m: das Schwert, der Säbel (arab.)*

Sinan, *m: die Speerspitze (türk.)*

Timur, *m: der Kämpfer (türk.)*

Wilhelm, *m* / Wilhelmine, *w: gebildet aus Wille und Helm (germ.)*
→ *m:* Willi, Wim, William *(engl.),* Bill / Will *(engl. Kurzformen),* Liam *(ir.),* Guillaume *(frz.),* Guillermo *(span.),* Willem *(nld.),* Vilém *(tschech.)*
→ *w:* Wilhelmina, Wilma

Sieg und Ruhm

Gloria, *w: der Ruhm (lat.)*

Nasr, *m: der Triumph (arab.)*

Nikolaus, *m: der Sieg des Volkes (griech.)*
→ *m:* Klaus, Nicholas *(engl.),* Collin / Nick *(engl. Kurzformen),* Nicolas *(frz.),* Nicola / Nico *(ital.),* Nils *(skand.),* Niklas *(griech.),* Nikolai / Kolja *(russ.),* Klaas *(nld.)*

→ *w:* Nicola, Nicki *(Kurzform),* Nicole *(frz.),* Nicoline / Nicolette *(frz. Koseformen),* Nikola *(griech.)*
Rupert, *m: Glanz und Ruhm (germ.)*
→ *m:* Rupprecht, Robert, Robin *(engl.),* Rob / Bob / Robbie *(engl. Kurzformen),* Roberto *(ital.)*
→ *w:* Roberta
Schahira, *w: die Berühmte (arab.)*
Siegfried, *m: Sieg und Friede (germ.)*
Siegmund, *m: Sieg und Schutz (germ.)*
Siegrid / Sigrid*:*
Sieg und Schönheit (germ.)
Stephan, *m* / *Stephanie, w:*
der/die Gekrönte (griech.)
→ *m:* Stefan, Steffen, Steven / Steve / Stephen *(engl.),* Stéphane / Étienne *(frz.),* Stefano *(ital.),* Esteban *(span.),* István *(ung.)*
→ *w:* Stefanie, Stefani, Steffi
Veronika, *w: die Siegbringerin (griech.), wird allerdings auch als „wahres Abbild" gedeutet (lat.)*
→ *w:* Véronique / Berenice *(frz.),* Berenike *(griech.),* Verona *(ital.)*
Viktor *m* / Viktoria, *w:*
der/die Sieger/in (lat.)
→ *m:* Vito, Vittorio *(ital.)*
Vinzenz, *m* / Vinzentia, *w:*
der/die Siegende (lat.)
→ *m:* Vincent
→ *w:* Senta

Friede

Friedemann, *m:*
der schützende Mann (germ.)
→ *m:* Fernando *(span.),* Ferry *(nld.)*
Friedrich, *m* / Friederike, *w: gebildet aus Friede und Fürst (germ.)*
→ *m:* Frieder, Fritz, Frederick *(engl.),* Freddy *(engl. Kurzform),* Federico *(ital.),* Frederik *(skand.)*
→ *w:* Frieda, Fritzi, Frigga *(skand.)*
Irene, *w:*
die Friedenbringende (griech.)
→ *w:* Ira, Irène *(frz.),* Irina *(russ.)*
Kasimir, *m:*
der Friedensstifter (slaw.)
Kazuko, *w: der Friede (jap.)*
Langundo, *m:*
der Friedliebende (indian.)
Miroslaw, *m* / Miroslawa, *w: gebildet aus Frieden und Ruhm (slaw.)*
→ *w:* Mira *(Kurzform)*
Paloma, *w:*
die Taube, Friedenstaube (span.)
Paz, *w: der Frieden (span.)*
Salam, *m: der Friede (arab.)*
Salma, *w: die Friedliche (ind.)*
Salomon, *m* / Salome, *w:*
der/die Friedliche, Glückliche abgeleitet von „shalom" (hebr.)
→ *m:* Solomon / Sol *(engl.),* Salmon / Selim *(arab.),* Schlomo *(jidd.)*
→ *w:* Salomea *(poln.),* Salma *(arab.)*

SCHÖN UND PRAKTISCH

Namen mit Sinn und Zweck

Georg
Melanie
OLAF
FIONA
Donovan
SÖNKE
Rabea
Bruno

Nicht alle Eltern legen gesteigerten Wert darauf, dass ein Name allegorisch und mit Bedeutungen be- oder sogar überlastet ist. Geht es Ihnen auch so? Kein Problem: Es gibt viele Namen, bei denen selbst der kühnste Linguist zugeben muss: „Die Bedeutung liegt im Dunklen.“ *Jolanda* und *Monika, Sybille* und *Kai* zählen dazu.

Und es gibt Namen, bei denen Zweckmäßigkeit vor Poesie steht: Das Benennen von Kindern kann auch eine ganz sachliche Angelegenheit sein. Das einfachste System ist das simple Durchnummerieren, wie es im alten Rom, in China, aber auch in einigen anderen Kulturen verbreitet war. *Quintus* und *Oktavian* zum Beispiel waren die Nummer fünf und acht in der Geschwisterfolge einer römischen Familie, und die Erstgeborene bei den Sioux hieß *Winona*.

Eine andere nüchterne Quelle sind Familiennamen, die zu Rufnamen wurden. Dass *Fabian* eigentlich „die Bohne“ heißt, ist zwar lustig, war für die Entstehung des Vornamens aber ohne Bedeutung. Wie *Emil, Cornelius, Claudius* und *Antonius* geht *Fabian* auf einen römischen Geschlechternamen zurück.

Auch Ereignisse können sich im Namen widerspiegeln: *Juanchin* aus China ist der zu Frühlingsbeginn Geborene, und der afrikanische Xhosa *Zanemvula* kam auf die Welt, als auch der Regen kam. Selbst Wochentage sind beliebte Namen: Bei den Ewe in Togo heißt ein Montagskind *Adjo.* Bekommt es ein Brüderchen, das ebenfalls an einem Montag geboren wird, heißt dieses *Adjovi* – „das jüngere Montagskind“. Als Europäer mag man darüber lächeln, doch hatten zum Beispiel im Englischen Wochentagsnamen wie *Thursday* durchaus ihre Tradition. Und natürlich kennt auch das Abendland eine jahreszeitlich motivierte Vergabe von Namen: *Natalie,* die an Christi Geburtstag Geborene, wird in der Weihnachtszeit häufiger vergeben als im Sommer, und auch die Namenstage berühmter Heiliger dienen Eltern nach wie vor als Inspirationsquelle. Bewusst oder unbewusst setzt die „Geschichtsschreibung durch Namen“ sich auch dann fort, wenn ein Kind unter dem Eindruck eines historischen Ereignisses benannt wird: Ein sprunghafter Anstieg der Namen *Diana, William* und *Harry* in Großbritannien markiert zum Beispiel das Todesjahr von Prinzessin *Diana.*

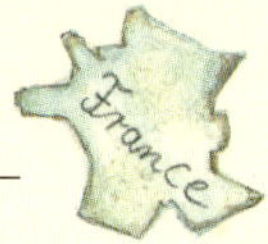

Herkunft

Adrian, *m:*
ein Mann aus der Stadt Adria (lat.)
→ *m:* Adrien *(frz.)*, Adriano *(ital.)*
→ w: Adriana, Adrienne *(frz.)*

Barbara, *w: die Fremde (griech.)*

Doris, *w: die dorische Frau (griech.)*

Eleonore, *w:*
die Fremde (altfrz./okzit.)
→ *w:* Eleonora, Leonore, Nora

Flemming, *m: der Flame (skand.)*

François, *m* / Françoise, *w:*
jemand aus Frankreich (frz./germ.)
→ *Varianten und Deutung s. „Namen aus der Reisetasche“, S. 61 und „D wie Deutung“ im A–Z, S. 81f*
→ *w:* France

Fynn / Finn, *m* / Finja, *w:*
jemand aus Finnland (nord.)

Judith, *w: die Judäerin (hebr.)*
→ *w: Jutta (germ.)*

Kyra, *w: die aus der Kyrenaika Stammende (griech.), wird auch gedeutet als Ableitung von „Kyros“, einem persischen Herrschernamen*

Larissa, *w: die aus der Stadt Larissa Stammende (griech.)*

Lukas, *m: der aus Lukanien Stammende* → *s. „Spirituelle Leitfiguren und Heilige“, S. 15*
→ *m:* Luke *(engl.)*, Luca *(ital.)*, Luc *(frz.)*, Luka *(serb./russ./kroat.)*
→ *w:* Luca, Luchina *(ital.)*, Luka *(serb.)*

Lydia / Lidia, *w:*
die aus Lydien Stammende (griech.)

Magdalena, *w:*
die aus Magdala Stammende (hebr.)
→ *w:* Marlene, Malina, Magda, Lena / Lene / Leni *(Kurzformen)*, Madeleine *(engl./frz.)*, Madelone *(frz. Koseform)*, Maddalena *(ital.)*

Moritz, *m: der aus Mauretanien Stammende (lat.), Synonym für einen Dunkelhäutigen*
→ *m:* Maurice *(frz./engl.)*, *Mauricio / Maurizio (ital.)*

Norman, *m: der aus dem Norden Stammende (germ.)*

Paris, *m/w: eigentlich eine Figur der Mythologie, wegen des romantischen Flairs der Stadt Paris in den USA als Name verbreitet (griech.)*

Reto, *m: der Rätoromane (schweiz.)*

Sabine, *w: die Sabinerin (griech.)*

Svea, *w: die aus Schweden Stammende (skand.)*

Theresa, *w: die von der Insel Therasia Stammende (griech.)*
→ *w.* Therese, Thea, Resi, Tessa *(engl.)*, Therèse *(frz.)*

Urban, *m: der aus der Stadt (Rom) Kommende (lat.)*

Geschlecht

Andreas, *m* / *Andrea, w: Mann (griech.)*
→ *m:* Andi, Andrew *(engl.),* Andy *(engl. Kurzform),* André *(frz.),* Andrea *(ital.),* Anders *(skand.),* Antero *(finn.),* Endre *(ung.),* Andrej *(russ.),* Res *(schweiz. Kurzform)*
Cora / Corinna / Kora, *w: das Mädchen, die Tochter (griech.)*
Donna, *w: die Frau (lat.)*
Rabea, *w: das Mädchen (hebr.)*
Sven, *m* / Svenja, *w: der junge Mann / die junge Frau (schwed.)*
Talitha, *w: das Mädchen, die Tochter (hebr.)*
Tulla, *w: das kleine Mädchen (schwed.)*

Aussehen

Bertha, *w: die Glänzende (germ.)*
Bruno, *m: der Braune (germ.)*
Calvin, *m: der kleine Glatzkopf (frz./engl.)*
Dada, *w: der Lockenkopf (yoruba)*
Donovan, *m: der Dunkle (gäl.)*
Ebony, *w: die Ebenholzfarbige (engl.)*
Finn, *m* / Fiona, *w: der/die Blonde (gäl.)*
→ *w:* Finja
Flavius, *m* / Flavia, *w: der/die Blonde (lat.)*
Guenevere, *w: die Blonde (kelt.)*
→ *w:* Genoveva *(germ.),* Jennifer *(engl.),* Jenny *(engl. Kurzform)*
Klara, *w: die Leuchtende, Helle (lat.), wird auch religiös gedeutet*
→ *w:* Clara, Clare *(engl.),* Claire *(frz.),* Chiara / Clarissa *(ital.),* Clarita *(span. Kurzform)*
Knut, *m: der Knoten (nord.), sinnbildlich für kleiner, kräftiger Mann*
Magnus, *m: der Große (lat.)*
Maximilian, *m* / Maximiliane, *w: der/die Größte (lat.)*
→ *m:* Max, Maxi, Maxime *(frz.),* Massimo *(ital.),* Maksim / Maxim *(russ.)*
Melanie, *w: die Schwarze (griech.)*
Mignon, *w: die Niedliche (frz.)*
Paul, *m* / Paula *w: der/die Kleine (lat.)*
Simon, *m* / Simone, *w: der/die Stumpfnasige (griech.)* → *s. „Gebete und Bibelzitate", S. 17*
→ *m:* Simeon, Simone *(frz.),* Simo *(finn.)*
→ *w:* Simonetta *(ital. Kurzform)*

Stellung innerhalb der Familie

Abraham, *m: der erhabene Vater (hebr.)*
Elif, *m: der Erstgeborene (türk.)*
Jiro, *m: der zweite Mann (jap.)*

Olaf, *m: der Nachkomme, der Urahn (nord.)*
→ *m:* Ola / Ole *(schwed.)*
Primus, *m: der Erstgeborene (lat.), es folgten dann u. a. Sekundus (2.), Quintus (5.) oder Oktavian (8.)*
Siv, *w: die Braut (nord.)*
Sönke, *m: der Sohn (fries.)*
Thomas, *m: der Zwilling (hebr.)*
→ *m:* Tommi, Tomi, Tom / Tommy *(engl. Kurzform),* Tommaso *(ital.),* Tomáš *(tschech.),* Tomasz *(poln.),* Foma *(russ.),* Tuomo *(finn.),* Maas *(nld.)*
Winona, *w: die Erstgeborene (indian.)*

Römische Familien- und Geschlechternamen
Antonius, *m: stark verbreitet durch den Heiligen Antonius von Padua (lat.)*
→ *m:* Anton, Toni, Anthony *(engl.),* Antoine *(frz.),* Antonio *(span./ital.),* Antonin *(tschech.),* Antal *(ung.)*
→ *w:* Antonia, Antonie, Antoine / Antoinette *(frz.),* Antonella *(ital.)*
Caecilius, *m: der römische Geschlechtername wurde zum englischen Familiennamen „Cecil", aus dem viele Vornamen entstanden*
→ *m:* Cecil *(engl.)*
→ *w:* Celia, Celina, Silke *(fries.),* Cecily *(engl.),* Céline *(frz.),* Silja *(finn.)*
Claudius, *m* / Claudia, *w*
→ *w:* Claudine / Claudette *(frz. Koseformen),* Klawdija *(russ.)*
Cornelius, *m* / Cornelia, *w*
→ *w:* Conny, Connie, Corry, Nele, Nelly, Nelleke *(nld. Kurzform)*
Emil, *m* / Emilia, *w: vom römischen Geschlechternamen „Aemilius" abgeleitet (lat.)*
→ *m:* Émile *(frz.),* Emilio *(ital.)*
→ *w:* Emilie, Emily / Emely *(engl.),* Émilie *(frz.)*
Fabius, *m* / Fabia, *w*
→ *m:* Fabian, Fabien *(frz.),* Fabio *(ital./span.),* Fabiano *(span.),*
→ *w:* Fabienne *(frz.),* Fabiola *(span.)*
Julius, *m* / Julia, *w: Geschlechtername des berühmten römischen Staatsmanns Gaius Julius Cäsar, dem zur Ehre der Monat seinen Namen erhielt*
→ *m:* Julian, Jules / Julien *(frz.),* Giulio *(ital.),* Julio *(span.)*
→ *w:* Juliane, Jule, Julie / Juliette *(frz.),* Giulia *(ital.)*
Livius, *m* / Livia, *w*

Chronistische Namen

Aba, *w: die am Donnerstag Geborene (Ghana)*

Abidemi, *m: der geboren wurde, als sein Vater fort war (yoruba)*

Abiona, *w: die während einer Reise Geborene (Nigeria)*

Dschuma, *m: der am Freitag Geborene (swa.)*

Jinsheng, *m: der in der Hauptstadt Geborene (chin.)*

Juanchin, *w: die zu Frühlingsbeginn Geborene (chin.)*

Markus, *m: der im März, dem Monat des Kriegsgottes Mars, Geborene (lat.), aber auch der dem Mars Geweihte*
→ *m:* Marcus, Mark / Marc *(engl.),* Marcel *(frz.),* Marcello / Marco *(ital.),* Marek *(slaw.)*

Natalie, *w: die am Tag von Jesu Geburt Geborene (lat.)*
→ *w:* Natalia, Natascha *(russ.),* Tasha *(engl. Kurzform)*

Noël / Noel *m*, Noelle / Noëlle, *w: der/die zu Weihnacht Geborene (engl./frz.)*

Pascal / Pasqual, *m: der zu Ostern Geborene (lat./frz.)*

Pule, *m: der bei Regen Geborene (zulu)*

Rabea, *w: der Frühling (arab.)*

Tashunka Witko, *m: der Mann, der ein durchgehendes Pferd sah (indian.); Dakota-Häuptling, der unter dem Namen „Crazy Horse" berühmt wurde; der Name spielt auf ein Ereignis während seiner Geburt an*

Tuesday, *w: Dienstag (engl.)*

Vesna, *w: Frühling, auch die vom Schlaf Erwachte (slaw.)*

Yul *m* / Yule, *w: der/die zur Weihnachtszeit Geborene (nord./engl.)*

Zanemvula, *m: der mit dem Regen Gekommene (xhosa)*

Berufe, Aufgaben

Ida, *w: die Arbeitende (germ.)*

Georg, *m: Bauer (griech.); Schutzheiliger der Kreuzfahrer und Nationalheiliger Englands*
→ *m:* Jorg, Schorsch, George *(engl.),* Georges *(frz.),*Giorgio *(ital.),* Jorge *(span.),* Jiři *(tschech.),* György *(ung.)*
→ *w:* Georgia, Georgine, Georgette *(frz.),* Jiřina *(tschech.)*

Ngcali, *m: der Techniker (xhosa), in Südafrika auch in der engl. Übersetzung „Technician" verbreitet*

Remigius, *m: der Ruderer (lat.)*
→ *m:* Remy / Remi *(Schutzheiliger der Schweiz)*

Stig, *m: der Wanderer (nord.)*

Tabib, *m: der Arzt (türk.)*

Talib, *m: der Schüler (arab.)*

ARNIKA
Anne
Anouk

GLEICH UND DOCH NICHT GLEICH

Namen aus der Reisetasche

Der größte Fundus unserer Namen ist ihre Wanderlust. Seit Menschen Grenzen überschreiten, einander lieben, aber auch bekriegen, Waren und Weltanschauungen austauschen, von Abenteuerlust oder Not getrieben neue Heimatländer suchen, ziehen auch die Namen dieser Menschen von Land zu Land. Dabei erweisen sie sich als ausgesprochene Chamäleons: Wie bei vielen Märchenmotiven, die in jedem Land eine etwas andere Fassung annehmen, bleibt von ihrer Wurzel immer ein wenig erhalten. Alles andere wird dem Sprachklang des jeweiligen Gastlandes angepasst.

Mit der Ausbreitung des christlichen Glaubens weit über die Grenzen Europas hinaus verbreiteten sich auch die christlichen Namen über die ganze Welt – doch wurde ihr Klang ohne

Zaudern verändert und angepasst. Gerade die von jeher beliebten Namen wie die der Apostel *Johannes, Petrus* und *Matthäus,* von biblischen Gestalten wie *Jakob* oder von Heiligen wie *Elisabeth* weisen die größte Bandbreite an Variationen auf. *Theodor* und *Maria* klingen in russischen Ohren hart – schnell wurden *Fjodor* und *Mascha* draus. Ein *Mariechen* ist in Flandern eine *Mieke,* in Italien eine *Mariella* und in Finnland eine *Marika.*

Nicht minder reiselustig als ihre Vorfahren, überschritten die entstandenen Namensvarianten später oft wieder die Grenzen, sie wurden quasi „rückimportiert" und blieben dank ihres neuen Klang-Gewands oft unerkannt. *Antje,* die niederdeutsche Verkleinerungsform von *Anne,* oder *Sonja* und *Katja,* die russischen Kosenamen für *Sophia* und *Katherina,* wurden bei

uns zu eigenständigen Namen. *Schorsch* mutet wie eine urbayerische Variante von *Georg* an – tatsächlich ist der *Schorschi* eines der Überbleibsel der Napoleonischen Zeit und geht auf den weich gesprochenen *Georges* zurück. Mit der christlichen Missionierung entstanden gerade in Übersee exotische Formen: Kennen Sie *Alufuledi?* Es ist der südafrikanische Nachkomme von *Alfred.*

Heute, da Namen nicht mehr mündlich, sondern in der Schriftform wandern, wird die Schreibweise eines „importierten“ Namens oft ganz genau übernommen, nicht aber die Aussprache: *Kerstin,* die im skandinavienfreudigen Deutschland der siebziger Jahre sehr beliebte schwedische Fassung von *Christine,* müsste eigentlich „Scher-stin“ ausgesprochen werden. Und *Ole,* für uns fast das Sinnbild eines schwedischen Männernamens, ist in Schweden viel seltener als *Ola* – was üb-

rigens wie „Úh-lá“ klingen sollte. Während sich daran fast niemand stört, gilt es als peinlicher Fauxpas, englische oder französische Namen à la „Jak-ke-lie-ne“ auszusprechen. Gesellschaftsfähig ist es dagegen, bei *Charlie* oder *Marilyn* das „r“ nicht zu rollen: Als *Charles Chaplin* und *Marilyn Monroe* diese Namen bekannt machten, waren Anglizismen noch so fremd, dass ein korrektes „Ami-R“ mitten im deutschen Redefluss lächerlich gewirkt hätte.

Was zu einem wichtigen Schlussgedanken führt: Internationale Varianten können altbekannten Namen eine interessante Würze geben. Aber haben Sie und Ihr Kind Probleme, den Namen richtig auszusprechen, oder müssen Sie fortwährend erklären, dass über dem A ein Kringel, über dem E ein Accent und am Schluss drei „lll“ stehen, wird das internationale Flair zum hausgemachten Fluch.

Anna / Anne

Anna *geht auf den hebräischen Namen* Hannah *zurück: Im Hebräischen wurde das „H“ tonlos gesprochen,* Hannah *und* Anna *sind also eigentlich ein und derselbe Name: Die Bedeutung wird sowohl auf das Bibelzitat „Er, der mich mit einem Kind gesegnet hat“ zurückgeführt als auch auf das hebräische Wort „hanna“ für liebreizend und schön.* Anna *war die Mutter Marias und als Name unter anderem deshalb so beliebt, weil die Gläubigen die Verwendung des Namens Maria als Vorname lange Zeit als ebenso despektierlich empfanden wie wir heute die des Namen Jesus.*

Anica *(slowak./kroat./bulg.)* – Aniko *(ung.)* – Anissa *(nld.)* – Anita *(span.)* – Anja *(russ.)* – Annuschka *(russ.)* – Anjuta *(russ)* – Anke *(niederdt./fries.)* – Anne *(dt./engl./frz.)* – Anneli *(süddt.)* – Annette *(dt./frz.)* – Anni *(dt.)* – Annick *(bret.)* – Annie *(engl.)* – Annika *(schwed./niederdt.)* – Annukka *(finn.)* – Anny *(engl.)* – Anouk *(frz.-bret.)* – Antje *(niederdt./fries.)* – Nancy *(engl.)*

Elisabeth

Elisabeth *stammt aus dem Griechischen, die Griechen wiederum hatten ihn aus dem Hebräischen importiert. „Gott ist Vollkommenheit“ soll die Urfassung „Elischeba“ bedeuten. Dank der Heiligen Elisabeth von Thüringen, die wegen ihrer außerordentlichen Mildtätigkeit bis heute verehrt wird, verbreitete sich der Name in ganz Europa. Berühmte Herrscherinnen wie Elizabeth I. von England oder die als* Sissi *bekannte Elisabeth von Österreich taten ein übriges, um den Namen äußerst beliebt zu halten – heute oft in Kurzformen wie* Lisa *und* Lilli.

Alzbeta *(tschech.)* – Bess *(engl.)* – Bessie *(engl.)* – Beth *(engl.)* – Betsy *(engl.)* – Betty *(engl.)* – Eilís *(gäl.)* – Ela *(poln.)* – Elisa *(frz.)* – Elise *(dt.)* – Élise *(frz.)* – Elisabet *(skand.)* – Elisabetta *(ital.)* – Eliza *(frz.)* –Elizabeth *(engl.)* – Elli *(dt.)* – Elsa *(dt./skand.)* – Else *(dt./skand.)* – Elsie *(engl.)* – Elspeth *(schott.)* – Elzbieta *(poln.)* – Erzsébet *(ung.)* – Ilse *(dt.)* – Isa *(dt.)* – Isabel *(span.)* – Isabella *(span./ital.)* – Isabelle *(frz./dt.)* – Jelisaweta *(russ.)* – Libby *(engl.)* – Liese *(dt.)* – Lili *(dt.)* – Lilli *(dt.)* – Lis *(skand.)* – Lisa *(skand.)* – Lisbeth *(dt.)* – Lise *(skand.)* – Lisette *(frz.)* – Liz *(engl.)* – Liza *(engl.)* – Lizzie / Lizzy *(engl.)* – Sissi / Sissy *(dt.)*

Frank, Franz und Franziska

Die Geschichte und inhaltliche Verbindung der Namen Frank, Franz *und* Franziska *können Sie in* → *„D wie Deutung" nachlesen. Der althochdeutsche Name* Frank *wurde im 20. Jahrhundert wieder populär.* Franziskus *und* Franziska *verdanken ihren Variationsreichtum der großen Beliebtheit des Heiligen Franziskus von Assisi.*

Frank und Franziskus

Ferenc *(ung.)* – France *(engl./frz.)* – Francesco *(ital.)* – Francis *(engl./frz.)* – Francisco *(port.)* – Franciszek *(poln.)* – Franco *(span.)* – François *(frz.)* – Frang *(schottisch)* – Frank *(germ.)* – Frankie *(engl.)* – Franklin *(engl.)* – Franklynn *(engl.)* – František *(tschech.)* – Franz *(dt.)* – Frascuelo *(span.)* – Frasquito *(span.)* – Paco *(span.)* – Pancho *(span.)* – Paquito *(span.)* – Patxi *(bask.)* – Ransu *(finn.)*

Franziska

Fanny *(engl.)* – Fran *(engl.)* – Franca *(ital./dt.)* – France *(frz.)* – Frances *(engl.)* – Francesca *(ital.)* – Francisca *(span./port.)* – Franciszka *(poln.)* – Françoise *(frz.)* – Franja *(slowak./kroat./serb.)* – Franka *(ital./dt.)* – Františka *(tschech.)* – Fränze *(dt.)* – Franziska *(dt.)* – Frascuela *(span.)* – Frasquita *(span.)* – Proinséas *(gäl.)* – Zissi *(dt.)*

Johannes und Johanna

Johannes *und* Johanna *haben eine andere Bedeutungswurzel als* Hanna, *nämlich den hebräischen Ausspruch „Yohanan", was so viel heißt wie „Gott ist gnädig". In der Bibel gibt es mehrere wichtige Figuren namens Johannes: Johannes den Täufer, den Evangelisten Johannes und den Apostel Johannes. Dank zahlreicher Heiliger namens Johannes und 23 Päpsten dieses Namens zählt der Name zu den seit dem frühen Christentum meistverbreiteten und dementsprechend meistveränderten.*

Johannes

Eoin *(gäl.)* – Eòin *(schott.)* – Gian / Gianni *(ital.)* – Giovanni *(ital.)* – Hannes *(dt.)* – Hannu *(finn.)* – Hans / Hansi *(dt.)* – Henning *(niederdt.)* – Iain *(schott.)* – Ian *(engl.)* – Ion *(bask.)* – Ivan *(tschech./ung.)* – Iwan *(russ./ukrain.)* – Jan *(niederdt./skand./bulg.)* – Janis *(lett.)* – Janko *(ung./bulg.)* – Janning *(nld./fries.)* – János *(ung.)* – Janusz *(poln.)* – Jean *(frz.)* – Jens *(skand./dt.)* – Joan *(katal.)* – João *(port.)* – Johan *(skand./dt.)* – Johann *(dt.)* – Johannes *(dt.)* – John / Johnny *(engl.)* – Jon *(skand.)* – Jöns *(skand.)* – Joop *(skand.)* – Jösse *(skand.)* – Juan *(span.)* – Juanito *(span.)* – Juhanni *(finn.)* – Jussi *(finn.)* – Seán *(iri.)* – Siân *(wal.)* – Xoán *(galiz.)* – Yann *(bret.)* – Yannick *(bret.)* – Yannig *(bret.)* – Yannis *(griech.)* – Yon *(bask.)*

Johanna, *die weibliche Variante von Johannes, wurde erst im 17. und 18. Jahrhundert populär. Berühmt ist die Heilige Johanna von Orleans (Jeanne d'Arc), die im 15. Jahrhundert lebte und zur französischen Nationalheldin wurde.*

Johanna

Giovanna *(ital.)* – Jana *(niederdt.)* – Jane *(engl.)* – Janet *(engl.)* – Janey *(engl.)* – Janice *(engl.)* – Janika *(dt.)* – Janina *(dt.)* – Janine *(niederdt.)* – Janka *(ung.)* – Jannis *(engl.)* – Jeanette *(frz.)* – Jeanine *(frz.)* – Jeanne *(frz.)* – Jessie *(engl.)* – Joan / Joanna / Joanne *(engl.)* – Joana *(port.)* – Joanie *(engl.)* – Joni *(engl.)* – Jonna *(skand.)* – Juana *(span.)* – Juanita *(span.)* – Nanni *(süddt. Kurzform)* – Siobhan *(gäl.)*

Karl und Karla

Für diesen Namen gibt es ein Spektrum von Deutungen, die von „Geliebter" und „Ehemann" über „freier Mann" bis zum „Führer einer Heerschar" reichen. Die Assoziationen, die der althochdeutsche Name weckt, sind in jedem Fall mit dem Begriff des Herrschens verknüpft: Seit Karl der Große sich 800 zum Kaiser des Römischen Reiches erklärte, trugen Dynastien von Königen diesen Namen, natürlich in ihrer jeweiligen Landessprache.

Karl

Carl *(dt./schwed.)* – Carlo *(ital.)* – Carlos *(span./port.)* – Charles *(engl./frz.)* – Charlie *(engl.)* – Kaarle *(finn.)* – Kalle *(dt./schwed.)* – Karel *(tschech./nld.)* – Karl *(dt./schwed.)* – Karol *(poln.)* – Károly *(ung.)* – Siarl *(walis.)*

Karla

Carla *(dt./schwed.)* – Carleen *(engl.)* – Carlota *(span.)* – Carlotta *(ital.)* – Carol *(engl.)* – Carola *(latinisiert)* – Carolin *(dt.)* – Caroline *(dt.)* – Carrie *(engl.)* – Charlie *(engl.)* – Charlotte *(engl./frz.)* – Karlina *(dt.)* – Karlotta *(dt.)* – Karlotte *(dt.)* – Karola *(dt.)* – Karoline *(dt.)* – Lola *(span)* – Lolita *(span.)* – Lottchen *(dt.)* – Lotte *(dt.)* – Lotti *(dt.)* – Lottie *(engl.)* – Tottie *(engl.)*

Maria

Die hebräisch-aramäische Urform ist Mirjam, *Maria ist die aus den griechischen und lateinischen Bibelfassungen bekannte Form. Die Deutungen sind vage: „Gottesgeschenk", „die Fruchtbare", „die Herrin", auch „Tropfen des Meeres" werden genannt. Die von modischen Einflüssen fast nicht berührte Beliebtheit und große Verbreitung geht auf die ungeheuer starke Marienverehrung in der katholischen Kirche zurück, um deren Tugenden, allen voran die Keuschheit, sich der Marienkult rankt. Als Zweitname ist Maria auch als Männername üblich, wie z. B. bei* Karl Maria. *Bei Frauen findet man viele Namensverknüpfungen wie* Rosmarie *oder* Marianne. *In Spanien werden auch die Namen von Marienpilgerstätten als Vorname benutzt, dazu zählt z. B.* Montserrat. *Maria weist vor allen Dingen in der Koseform zahlreiche Varianten auf, von denen hier nur einige aufgeführt sind.*

Maike *(fries.)* – Maj *(skand.)* – Maja *(skand.)* – Manja *(slaw.)* – Manon *(frz.)* – Mariam / Miriam / Mirjam *(Urformen)* – Marianne *(Verknüpfung von Maria und Anne, engl.)* – Marie *(frz./dt.)* – Mariechen *(dt.)* – Marieke *(nld.)* – Mariella *(ital.)* – Marietta *(ital.)* – Marika *(finn./slaw.)* – Marilyn *(engl.)* – Mariola *(slaw.)* – Marion *(frz.)* – Mariquita *(span.)* – Marissa *(span./ital.)* – Marita *(span.)* – Marlene / Marla *(Kurzformen von Maria Magdalena)* – Maruja *(span.)* – Maruscha *(slaw.)* – Marusia *(slaw.)* – Mary *(engl.)* – Marya *(russ.)* – Mascha *(russ./slaw.)* – Meike *(fries.)* – Meryem *(türk.)* – Mia *(skand.)* – Mieke *(nld.)* – Miep *(nld.)* – Mitzi / Mizzi *(dt./österr.)* – Ria *(dt.)*

GESUNDHEIT, GLÜCK UND LANGES LEBEN

Namen, die Segen bringen

BENEDIKT
BEATRICE
LUCKY
FELICE

Ich wünsche dir von Herzensgrund, bleib immer fröhlich und gesund. So simpel der alte Spruch sein mag, er drückt den innigsten und tiefsten Wunsch aller Eltern aus: Ihr Kind soll leben – und zwar möglichst lang und von Krankheiten verschont. Schön soll es sein, glücklich soll es werden.

So wie die zwölf Feen dem kleinen Dornröschen zur Taufe Schönheit und andere glückliche Eigenschaften als Gaben brachten, so wie manche Indianerstämme ihren Neugeborenen Glückstiere aus Perlen schenken oder wie bei uns Geburtshoroskope erstellt werden, sehen manche Eltern einen Namen als etwas, das sie ihrem Kind als Talisman mit auf den Weg geben können. Ausdruck davon sind die vielen Segensnamen, die es auf der ganzen Welt gibt: Ein *Vito* soll leben, eine *Valentina* sich guter Gesundheit erfreuen, dem *Ephraim* wünscht man Fruchtbarkeit und dem *Lucky,* der *Padma* und der *Selda* einfach Glück.

Manche Völker sind bei der offenen Benennung oder Anrufung des Glücks jedoch lieber zurückhaltend: In Japan gibt man eher verschleierte Glückssymbole als Namen, zum Beispiel eine Glückszahl wie *Yaki*, die Zahl 8000. Ein zu lautes, offenkundiges Preisen oder Herbeibeten des Glücks, so fürchtet man, könnte böse Geister auf den Plan rufen. In Afrika werden aus diesem Grund sogar Flüche oder scheinbar abschätzige Namen wie „Lass es wegwerfen!“ verwendet: Das Kind dieser Eltern, so will man vortäuschen, ist es doch gar nicht wert, von einem Dämon geholt zu werden.

Leben und Vitalität

Aischa / Ayşe, *w: die Lebendige, Lebensfrohe (arab./türk.)*
Alma, *w: die Nährende (ital.)*
Ambrosius, *m* / Ambrosia, *w: der/die Unsterbliche (griech.)*
Amrit, *m: der Unsterbliche (ind.)*
Crescentia, *w: die Wachsende (lat.)*
→ *w: Zenzi*
Demetrius, *m* / Demetria, *w: nach der Fruchtbarkeitsgöttin Demeter (griech./lat.)*
→ *m:* Dimitri / Dimitrij *(russ.)*
→ *w:* Demi *(engl. Kurzform)*
Eilif, *m: der ewig Lebende (norw.)*
Ephraim, *m: der Fruchtbare (hebr.)*
Eva, *w: Mutter alles Lebens (hebr.)*
Florian, *m* / Floriane, *w: der/die Blühende (lat.)*
Hayat, *w: das Leben (arab./türk.)*
Helge, *m* / Helga, *w: gesund und glücklich (nord.), später auch als heilig gedeutet*
→ *m:* Helje *(dän.)*, Oleg (russ.)
→ *w:* Hella, Olga *(russ.)*
Jian, *m: der Gesunde (chin.)*
Kang, *m: der Gesunde (chin.)*
Salim, *m* / Salima, *w: der/die Gesunde (arab.)*
Valentin, *m* / Valentina, *w: der/die Kräftige, Gesunde (lat.)*
→ *m:* Valentino *(ital.)*
→ *w:* Valérie *(frz.)*
Valerius, *m* / Valeria, *w: der/die Starke, Gesunde (lat.)*
→ *m:* Valéri / Valéry *(frz.)*, Verlio *(ital./span.)*, Valerij / Walerij *(russ.)*
→ *w:* Valerie, Valery *(engl.)*, Valérie *(frz.)*, Valeria *(ital./span.)*
Vitus, *m* / Vita, *w: Leben (lat.)*
→ *m:* Veit, Vitale / Vito *(ital.)*, Vitali / Vitalij / Witalij *(slaw.)*
Vivien, *w: die Lebendige (lat.)*
→ *m:* Vivian *(engl.)*
→ *w:* Vivian, Viviane, Vivi *(Kurzform)*, Vivienne *(frz.)*
Zoe / Zoë, *w: das Leben (griech.)*

Glück

Aiman, *m: der Glückliche (arab.)*
Anand, *m: das Glück (ind.)*
Beatrix, *w: die Glückbringende (lat.)*
→ *w:* Beatrice *(frz.)*, Beatriz *(span.)*
Beatus, *m: der Glückselige*
→ *m:* Beat *(schweiz.)*
→ *w:* Beata, Beate, Bea *(Kurzform)*
Benedikt, *m* / Benedikta, *w: der/die Gesegnete (lat.)*
→ *m:* Benoît *(frz.)*, Benedetto *(ital.)*, Benito *(span. Kurzform)*, Bento *(port.)*, Bengt *(schwed.)*, Bent *(dän.)*
→ *w:* Bénédicte / Benoïte *(frz.)*, Benedetta *(ital.)*, Benita
Benjamin, *m: Sohn des Glücks (hebr.)*
→ *m:* Ben *(engl.)*, Benny *(engl. Kurzform)*

Bonifaz, *m* / Bonifazia, *w: der/die gutes Schicksal Bringende (lat.)*
Euphemia, *w: die Verheißung des Glücks (griech.)*
Felix, *m* / Felicitas, *w: der/die Glückliche (lat.)*
→ *m:* Felice *(ital.)*
→ *w:* Fee *(dt.)*, Felicia, Felicity *(engl.)*
Fortunat, *m* / Fortunata, *w: der/die mit Glück Gesegnete (lat.)*
Lakschmi, *w: nach dem Hindu-Gott des Glücks (ind.)*
Luana, *w: die Glückliche (hawaiian.)*
→ *w:* Luanna, Luanne *(engl.)*
Lucky, *m: der Glückliche (engl.)*
Lykke, *w: die Glückliche (nord.)*
Masud, *m: der Glückliche (arab.)*
Padma, *w: die Glückliche (ind.)*
Saad / Sadet, *m: der Glückselige (arab./türk.)*
Said, *m: der mit Glück Gesegnete (arab.)*
Selde, *w: das gnädige Schicksal (jidd.)*
→ *w:* Selda
Tatsu, *w: der Glücksdrache (jap.)*
Yaki, *m: 8000 (jap.), eine Glückszahl*

Schönheit und Liebreiz

Anna / Hanna, *w: die Anmutige (hebr.) → Deutung und Varianten s.* *„Namen aus der Reisetasche", S. 60*
Bella, *w: die Schöne (lat.)*
Ghada, *w: die Schöne (arab.)*
Gracia / Grace, *w: Anmut (griech./engl.)*
Helena, *w: die Strahlende, abgeleitet von „helios" für Sonne (griech.); durch die „Odyssee" wurde der Name zum Symbol für außerordentliche Schönheit*
→ *w:* Helene, Lena / Lene / Leni *(dt. und skand. Kurzformen)*, Helen / Ellen / Eileen *(engl.)*, Hélène *(frz.)*, Elena *(ital./span./port.)*, Ilona *(ung.)*, Jelena *(russ.)*, Alina *(tschech.)*
Indira, *w: die strahlende Schönheit (ind.)*
Jamil, *m* / Jamila, *w: der/die Schöne (arab.)*
Jolie, *w: die Hübsche (frz.), gebräuchlich in den Niederlanden und im englischsprachigen Raum*
Kevin, *m: der Hübsche, Wohlgestaltete (gäl.)*
Liang, *w: die Schöne (chin.)*
Linda, *w: die Hübsche (span.)*
Mei, *w: die Schöne (chin.)*
Miranda, *w: die zu Bewundernde (lat.)*
Naomi, *w: die wahrhaftig Schöne (jap.)*
Schirin, *w: die Bezaubernde (pers.)*
Xiang, *m/w: der Duftende (chin.)*

Jonathan
Aimee
AMANDA
Cordula

DEIN IST MEIN HERZ

Namen der Liebe, der Freude und der Dankbarkeit

Woher sind wir geboren?
Aus Lieb.
Wie wären wir verloren?
Ohn Lieb.
Was hilft uns überwinden?
Die Lieb.
Johann Wolfgang von Goethe

Ihr Wunsch hat sich erfüllt: Sie erwarten ein Kind. Vielleicht haben Sie sich lange danach gesehnt? Oder sind glücklich überrascht worden? Die Umstände sind oft ganz verschieden, aber das Glücksgefühl und das Staunen über das Wunder der Natur sind immer überwältigend. Ihre unendliche Dankbarkeit bringen Eltern zum Ausdruck mit Namen wie *Donata*, die Gegebene, *Desirée*, die Ersehnte, *Gioia,* die Freude, oder *Doron*, das Geschenk. Ein Geschenk der Liebe – ein Geschenk, das unendlich geliebt wird.

Diese Liebe wollen Eltern ihrem Kind für immer mitgeben. Und daher gibt es in allen Kulturen Namen, die genau dies zum Ausdruck bringen. Weil man so sehr liebt. Weil man sich zutiefst wünscht, dass diese Liebe auch von anderen geteilt wird: von den Großeltern, den Geschwistern, den Freunden

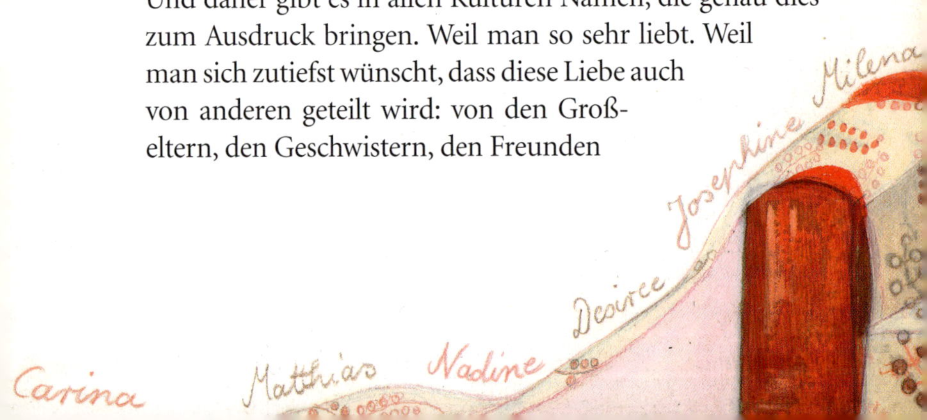

und von allen, die dem kleinen Neugeborenen auf seinem Lebensweg einmal wichtig sein werden. Und weil nichts Kinder glücklicher macht als die felsenfeste Sicherheit: „Meine Eltern lieben mich so, wie ich bin. Daran kann nichts und niemand etwas ändern, auf sie kann ich mich verlassen, immer und zu allen Zeiten." Umgeben vom Schutzmantel der Elternliebe, kann Ihr Kind sich zu dem entwickeln, was es einmal werden soll: einem gesunden, glücklichen und freien Menschen, liebenswert und lebensfähig.

Liebe
Ai, *w: die Liebe (jap.)*
Corazon, *w: das Herz (span.)*
Cordula, *w:*
Verkleinerungsform von Herz (lat.)
Eros, *m:*
nach dem Gott der Liebe (griech.)
Liebe, *w (jidd.)*
Lioba, *w (germ.)*
→ *m:* Lijubov / Lyobov *(russ.)*
→ *w:* Ljuba *(russ.),* Luba *(poln.)*
Minna / Minne, *w: die von den*
Minnesängern gepriesene Liebe
(mhd.), wird allerdings auch als
Kurzform von Wilhelmina *gesehen*
→ *s. „Krieg und Kampf", S. 44*
Prianka, *w: die Liebe (ind.)*
Venus, *w: nach der Liebesgöttin (lat.)*

Die Geliebten und
Liebenswerten
Abebi, *w: die Ersehnte (niger.)*
Aimée, *w: die Geliebte (frz.)*
→ *w:* Amy *(engl.)*
Amanda, *w: die zu Liebende (lat.)*
Amata, *w: die Geliebte (lat.)*
Cara, *w: die Liebe, Teure (ital.)*
Carina, w: *die Liebenswerte (ital.)*
Erasmus, *m:*
der Liebenswürdige (griech.)
Habib, *m* / Habiba, *w:*
der Liebling (arab.)
Kama, *w: die Liebe (urdu)*
Lubomil, *m: das Liebesglück (poln.)*
Milan, *m /w: die Liebe (slaw.)*
→ *w:* Milena, Mila / Milana /
Milanka *(slaw.)*
Muirna, *w: die Geliebte (gäl.)*
→ *w:* Morna, Myrna
Philine, *w: die Liebenswerte (griech.)*
Sevil, *w: die Liebenswerte (türk.)*

Hoffnung
Amal, *w (arab.)*
Ascha, *w (ind.)*
Hope, *w (engl.)*
Nadjeschda, *w (russ.)*
→ *w:* Nadine *(frz.),* Nadja *(russ.)*

Freude
Farah, *w: die Fröhlichkeit (arab.)*
Gioia, *w: die Freude (ital.)*
Gladness, *w: die Fröhlichkeit (engl.)*
Hilaria, *w: die Heitere (lat.)*
→ *w:* Hillary / Hilary *(engl.)*
Joy, *w: die Freude (engl.)*
Laetitia / Laetizia, *w: die Freude (lat.)*
Lowenna, *w: die Freude (kelt.)*
Merry, *w: die Fröhliche (engl.)*
Noemi, *w: die Erfreuliche (hebr.)*
→ *w:* Naomi *(engl.)*
Serena, *w: die Heitere (lat.)*

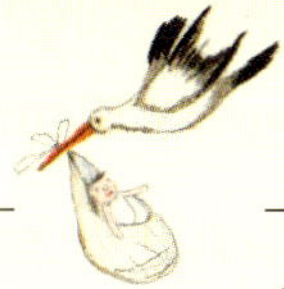

Das Kind als Geschenk der Liebe

Abeni, *f: wir baten um sie, und wir bekamen sie (yoruba)*
Abigail, *w: des Vaters Freude (hebr.)*
→ *m:* Gail *(hebr.)*
Aiko, *w: Kind der Liebe (jap.)*
Desirée / Desiree, *w: die Ersehnte (lat., aus dem Frz. ins Dt. gewandert)*
Donat, *m* / Donata, *w: der/die Gegebene (lat.)*
Doron, *m: das Geschenk (hebr.)*
Jonathan, *m: der von Gott Gegebene (hebr.)*
→ *m:* Nathan, Nat *(engl. Kurzform)*
Joseph, *m* / Josephine, *w: „Gott wird noch einen Sohn schenken" (hebr.)*
→ *m:* Josef, Sepp / Beppi / Jupp *(dt. Kurzformen)*, Joe / Joey *(engl. Kurzformen)*, Guiseppe *(ital.)*, José *(span.)*, Pepe / Pepito *(span. Kurzformen)*, Joop *(nld. Kurzform)*, Osip *(russ.)*, Yusuf / Yousef *(arab.)*
→ *w:* Josefine, Josepha, Joseffa, Jo *(engl. Kurzform)*, Josèphe / Joséphine *(frz.)*, Guiseppina *(ital.)*, Pepa / Pepita *(span. Kurzformen)*
Lindiwe, *w: die Erwartete (zulu)*
Matthäus / Matthias, *m: Geschenk Gottes (hebr./griech./lat.)*
→ *m:* Hias *(bayr./österr. Kurzform)*, Matthew *(engl.)*, Matthieu *(frz.)*, Matteo *(ital./span.)*, Mateus *(port.)*, Mats / Mattis *(skand. Kurzformen)*
Schakira, *w: die Dankbarkeit (arab.)*
Sipho / Tsipho, *m: das Geschenk (zulu)*
Theodor, *m* / Theodora, *w: Gottes Geschenk (griech.)*
→ *m:* Theo, Theodore *(engl.)*, Ted / Teddy *(engl. Kurzformen)*, Teodoro *(ital./span.)*, Fjodor *(russ.)*
→ *w:* Dorothea, Thea, Feodora *(russ.)*

Aber da fehlt doch noch was …
und überhaupt heißt das ganz anders!

Nun ist es passiert: Auf unserer kleinen Reise durch die Welt der Namen fehlte ausgerechnet Ihr Lieblingsname! Oder, vielleicht sogar schlimmer: Er wurde anders gedeutet, als es Ihnen bekannt ist! Zeit für ein paar Worte zum Thema Namenskunde und zu unserer Art, uns in dieser Wissenschaft zurechtzufinden.

Die sinnliche Schönheit der Namen, ihre Poesie und ihre Bedeutungsvielfalt waren das, was wir Ihnen an erster Stelle zeigen wollten. Dafür haben wir die wichtigsten „Länder" der Namenswelt besucht und einige ihrer „Bewohner" kennengelernt. Aber natürlich lassen sich zahlreiche Unterregionen, unerschlossene Gebiete oder weitere Bewohner entdecken! Vielleicht möchten Sie einen Namen aus der Welt der Musik finden? Mit dem nun geschulten Blick und ein oder zwei guten Nachschlagewerken (siehe Literaturverzeichnis, S. 108f) werden Sie mehr als *Carmen* („das Lied") finden – und sicherlich auch weitere Beispiele für die auf diesen Seiten ausführlich beschriebenen Sinngruppen.

Die Sache mit der Deutung ist ein etwas heikleres Thema. Für dieses Büchlein wurden verschiedene Quellen konsultiert, Deutungsvarianten verglichen und als seriös oder weniger überzeugend eingestuft – eine letzte Deutungssicherheit gibt es nicht immer. Manchmal hat derselbe Name zwei ganz unterschiedliche Sprachwurzeln, oder es ist einfach nicht mit letzter Sicherheit festzumachen, woher er sich ableitet. Darum kommen einige Namen, zum Beispiel *Kim* und *Lara,* in mehr als einer Sinngruppe vor.

Aber Deutung ist nicht alles: Die Welt der Namen hat noch einiges mehr zu bieten, sie ist ein Spiegel unserer Geschichte und unseres Denkens. Sie zeigt, wie sehr sich alle Völker dieser Welt gleichen – und zugleich, wie bunt und unterschiedlich ihr Brauchtum ist. Wenn Sie also noch Reiselust verspüren, wenn Sie auf Ihrer persönlichen Namenssuche noch die eine oder andere Anregung brauchen könnten oder wenn Sie wissen wollen, wie und warum andere Menschen Namen aussuchen, dann lesen Sie im A bis Z weiter – zum Beispiel unter *D wie Deutung*.

ABCDEFGHIJKLM

EIN A BIS Z

zu allen Fragen der Namensgebung

A

wie Assoziation

Über die Bedeutung des Beiklangs

Die Bedeutung eines Namens kann man im Lexikon nachschlagen, seinen Klang prüfend über die Zunge rollen lassen. Vielleicht noch wichtiger ist der Beiklang, der jedem Namen anhaftet: Er erreicht uns intuitiv, wird meist im Unterbewusstsein entschlüsselt und ist dementsprechend mächtig. *Juliette* oder *Alain,* das klingt wie alles Französische elegant, und ein Hauch von Erotik schwingt auch mit. Namen aus der antiken Mythologie wie *Ariadne* oder *Sybille* klingen nach humanistischer Bildung, englische Namen wie *Justyn* und *Jennifer* wirken auf den einen cool, auf den anderen wie der Untergang des Abendlands.

Manche Assoziationen sind privater Natur und gehen auf individuelle Erfahrungen zurück, aber zu fast jedem Namen gibt es auch kollektive Assoziationen. Ein wunderbares Beispiel dafür ist *August:* „August, so würde ich mein Kind nie nennen", erzählte mir ein Freund. „Da denkt doch jeder an den dummen August!" Was stimmt – kurz gesehen. Denn mit einer winzigen Verlängerung um nur zwei Buchstaben wird der *August* zum *Augustus* und bekommt damit eine hochherrschaftliche Anmutung: Der erste römische Kaiser hieß so, und ihm folgten viele weitere Kaiser, Könige und Herrscher. Noch heute hat August einen königlichen Klang, führt man ihn wie bei *Ernst August* als Doppelname (auch wenn sich manche Namensträger nach Kräften bemühen, diesen edlen Beiklang zu zerstören). Die *Auguste* oder *Augusta* dagegen kommt bis heute in Lackschühchen und mit Samtschleife im Haar daher, sie hat ihre würdevolle Anmutung bewahrt. Übrigens: Eine gelehrte Variante vom dummen August gibt's auch noch – dank des wegweisenden Denkers und Kirchenvaters *Augustinus.* Latinisiert klingt übrigens fast jeder Name schlau!

Dank der mit ihnen verbundenen Assoziationen wurden Namen stehende Redewendungen: Wer anderen imponieren will, macht auf *starken Max* oder benimmt sich *frech wie Oskar,* und *Lieschen Müller* ist nicht nur ein bisschen naiv, sondern auch noch so durchschnittlich wie *Otto Normalverbraucher,* dafür aber nicht so füllig wie die *dicke Berta. Susi* war lange Zeit das Äquivalent eines Dummchens, das man jederzeit *zur Minna machen* konnte. Diese Assoziationen sind in verschiedenen Ländern natürlich unterschiedlich, und sie können sich mit der → *Mode* ändern. Ein aktuelles Beispiel dafür ist *Emma.* Bei uns verband man mit diesem Namen lange Zeit die Dienstmädchen- und Küchenschürze. Kam die *Emma* in die Jahre, sah man sie als füllige Oma hinter der Theke ihres Tante-Emma-Ladens. Der Name der feministischen Zeitschrift *Emma* verknüpft also ein eigentlich widersprüchliches Assoziationspaar: Küchenfee und em(m)anzipierte Frau. Dass der Name heute eine Renaissance erlebt, verdankt er jedoch weniger Alice Schwarzer als Jane Austen (→ *L wie Literatur*). Nicht zuletzt durch die Verfilmung ihrer Werke ist der ursprünglich germanische, in England zu den Klassikern zählende Name zusammen mit der Klangverwandten *Emily* plötzlich wieder sehr angesagt. Das Image eines Namens kann sich also ändern – solange er noch nicht zum Sinnbild erstarrt ist (→ *X wie Xanthippe*).

B

wie Bräuche

Über die Wege der Namensfindung

Auf meine Frage, warum ihre Eltern sie Maki nannten, antwortete eine japanische Freundin: „Weil die Schriftzeichen meinem Vater gefielen. Vor- und Nachname sollten ein schönes Bild ergeben." Andere Völker – andere Sitten: Während bei uns die Schönheit eines Namens vor allen Dingen im Klang (→ *R wie Rhythmus und Klang*) gesehen wird, achten die Japaner auf die Schriftästhetik. Ein gleich klingender Name kann auf unterschiedlichste Art geschrieben werden. Welche Schreibart nun die für dieses Kind beste und glückhafteste sein mag – hier spielt die Anzahl der Striche eine große Rolle – und welche am besten mit den Zeichen des Nachnamens harmoniert, ist eine so komplizierte Angelegenheit, dass Eltern sogar die Beratung von Fachleuten suchen.

Vielerorts treffen die Eltern die Namenswahl grundsätzlich nicht allein: Bei einigen Naturvölkern haben die Großeltern das Sagen, und in Zimbabwe zum Beispiel darf die Person dem Kind einen Namen geben, die es als Erstes gesehen hat. So pragmatisch viele afrikanische Namen für uns klingen mögen (→ *Namen mit Sinn und Zweck, S. 48f*), messen Afrikaner der Namensgebung doch eine hohe Bedeutung bei: Babys können lange Zeit unbenannt bleiben oder provisorische Babynamen erhalten, bis die Eltern ihr Kind gut genug kennen, um den genau passenden Namen zu finden. In Südafrika gewähren die Ämter den Eltern deshalb bis zu einem Jahr Bedenkzeit – bei uns maximal einen Monat. Im westlichen Denken ist es wichtig, dass ein Kind schnellstmöglich amtlich erfasst wird. Ein Gedanke, der vielen Naturvölkern vollkommen fremd ist, denn hier wird der Eintritt in eine neue Lebensphase gerne durch einen → *Wechsel des Namens* markiert.

Bei der Benennung der Kinder spielt auch die Beziehung zu den Ahnen eine große Rolle. Für uns selbstverständlich ist die Namensweitergabe innerhalb einer Familie: Geist und Wertigkeit eines Geschlechts leben in den Namen der Nachkommen fort, und Großeltern leben in den nach ihnen benannten Enkeln weiter – all dies ist fast selbstverständlicher Teil der Familientradition (→ *F wie Familie*). Afrikaner dagegen vergeben den Namen eines Ahnen aus ganz anderen Gründen: Verstorbene, deren Namen vergessen werden, verwandeln sich in böse Geister, die Weitergabe des Namens schützt davor. Bei nordamerikanischen Indianerstämmen hingegen sind die Namen von Toten tabu, sie sind Besitz dieser Personen und werden in das Totenreich mitgenommen. Auch bei den australischen Aborigines dürfen die Namen verstorbener Verwandter einige Zeit überhaupt nicht mehr ausgesprochen, geschweige denn genutzt werden. In der christlichen Tradition und im Islam sind diese Vorbehalte fremd: Ein Name ist nie einer einzigen Person zugeschrieben, er benennt seinen Träger als Gläubigen, macht ihn zum Teil einer Glaubensgemeinschaft (→ *H wie heilig*), und dementsprechend werden die Namen von Toten bald wieder vergeben.

C wie Celebrities

Über Kunst am Namen

Ob Prinzessin oder Filmstern, mit Baby im Arm bildet die Regenbogenpresse sie am liebsten ab. Perfekt wird das Bild dann durch einen „verrückten Promi-Namen“ in der Bildunterschrift. Unterhaltungstechnisch betrachtet ist es also ein Segen, dass in Hollywood und London das großzügige angelsächsische Namensrecht gilt und man seine Kinder *Lourdes* (Madonna), *Prince Michael* und *Prince Michael 2* (Michael Jackson), *Apple* (Gwyneth Paltrow), *Heavenly Hiraani Tiger Lily, Fifi Trixibelle* oder *Peaches Honeyblossom* (Paula Yates und Michael Hutchence bzw. Bob Geldof) nennen darf. Interessant ist dabei, dass diese Namen oft wieder so deutlich sprechend sind, wie es unsere Standardnamen einmal waren: Nur nehmen wir *Rosa* in seiner Bedeutung kaum mehr wahr, bei *Peach* oder *Apple* verhält sich das anders. Dabei sind Pfirsichhaut und Apfelbäckchen sprichwörtliche Schönheitssymbole – nur als Namen wirken sie exzentrisch. Was sie auch sein sollen: Ausdruck der überbordenden Kreativität und schillernden Einmaligkeit ihrer Geber.

D wie Deutung

Über die verworrenen Pfade der Namenskunde

Beschäftigt man sich ein wenig ausführlicher mit der Onomastik, wie die Namenforschung offiziell heißt, kann man sich des Eindrucks nicht erwehren: Ein Name, zwei Wissenschaftler – drei Bedeutungen. Das trifft nun Gott sei Dank nicht auf jeden Namen zu, aber man staunt doch immer wieder über waghalsige Ableitungen und daraus hervorgehende völlig unterschiedliche Deutungen.

Schlagen wir einmal die Namen *Franz, Franziska* und ihre Varianten nach. Zurückgeführt werden sie auf den Heiligen Franziskus von Assisi, den Begründer des Franziskanerordens, darin sind sich alle Quellen einig. Bei der Interpretation der Bedeutung jedoch findet man überraschende Vielfalt. „Der Freie“ steht im einen Lexikon, „der kleine Franzose" im nächsten. Wie kann es dazu kommen? Ist eine *Franziska* etwa eine kleine freie Französin?

Tatsache ist, dass das Wort „frank" etwas mit Freiheit zu tun hat – diese Bedeutung hat sich auch in der stehenden Wendung „frank und frei" erhalten. Als „Frankeleyn" wurden Landwirte ohne Lehnsherren bezeichnet. Von diesem Begriff entlehnte der Volksstamm der Franken seinen Namen, der im 4. Jahrhundert in ein neues Gebiet zog: nach Gallien. La France, Frankreich, entstand. Die Namen *François, Françoise, France* beinhalten also sowohl den Grundbegriff des Freien als auch den Bezug zum Land Frankreich. Ob der Heilige Franziskus, der eigentlich *Giovanni* hieß, seinen Beinamen wegen der elterlichen Beziehungen zu Frankreich oder als Ausdruck seines Freisinns bekam, müssen seine Biographen beantworten. Die jedoch streiten sich allerdings sogar darüber, ob der Heilige Franziskus nun eine französische Mutter hatte oder nicht.

Oft ist die Wortwurzel eines Namens noch viel schwerer zu entschlüsseln als beim *Franz,* denn gleiches Wort bedeutet keinesfalls immer gleiche Bedeutung, der Klang kann trügen. Ein gutes Beispiel dafür sind die „Leo"-Namen. *Leo, Leon, Leonard* und *Lion* gehen auf den lateinischen Begriff „leo" (für Löwe) zurück. Wenn Sie nun meinen, auch der *Leopold* gehöre dazu, haben Sie sich leider getäuscht: *Leopold* geht genau wie *Luitpold* auf den germanischen *Liutbald* zurück, der sich aus den Begriffen „liut" (für Volk) und „bald" (für tapfer) zusammensetzt (→ *Q wie Quellen*).

Möchte man einen Namen sicher entschlüsseln, führen rein phonetische Deutungen also immer wieder in die Irre. Der ernsthafte Namensforscher muss herausfinden, wann und wo der Name erstmals auftauchte, wie er sich verbreitete, welche Klangverschiebungen es gab und in welchem Kulturkreis er warum vergeben wurde etc. Womit er sich sehr, sehr lange beschäftigen kann – und am Ende immer noch nicht am Ziel angekommen ist: Denn hinter der rein sprachlichen verbirgt sich oft noch eine symbolische Bedeutung. *Stefan* und *Stefanie,* die Bekränzten, tragen nicht einfach irgendeinen Kranz, sondern freuen sich am Siegeskranz. Oder, so wurde es im Christentum umgedeutet, sie leiden mit dem dornengekrönten Christus. *Paloma,* die Taube, ist ein über alle Grenzen verständliches Zeichen des Friedens. Schwieriger wird es bei Namen, die von weit her kommen – sie lassen sich nur mit Kenntnis des jeweiligen Kulturkreises entschlüsseln: *Song*, chinesisch für Kiefer, steht für ein langes Leben, und *Soledad* kann man aus dem Spanischen zwar mit „Einsamkeit" übersetzen, wirklichen Sinn macht das aber nur in Zusammenhang mit „Maria de Soledad": Wer den spanischen Marienkult nicht kennt, wird das nicht verstehen.

E

E wie Erbe

Über Fluch und Segen namentlicher Vermachenschaften

Hat jemand die schöne Idee, seinen etwas herrischen, aber alleinstehenden und vermögenden Onkel *Eugenius* zum Patenonkel und Namenspaten seines Kindes zu wählen, so wird die übrige Verwandtschaft unruhig: Da will sich jemand ans Erbe ranmachen! Was uns heute befremdlich erscheint, war früher gang und gäbe: Die Wahl eines Paten bedeutete nicht nur, dass dieser dem Kind bei der geistig-religiösen Entwicklung zur Seite stehen, sondern im Fall des Falles auch für das leibliche Wohl des Kindes sorgen sollte – in Zeiten ohne Lebensversicherung und soziales Netz war das klug und umsichtig.

Auch die Hoffnung auf ein nicht materielles Erbe kann bei der Wahl eines Namenspaten eine Rolle spielen: Hoffentlich wird das Neugeborene mal genauso klug, musikalisch oder schön wie Tante *Emilie!* Aber ideelle Werte können schwer wie Blei wiegen, ist das Vorbild übermächtig. Zu einem vorsichtigen Umgang mit den Namen von Verstorbenen, die in unserem Denken noch sehr präsent sind, rät deshalb die Tiefenpsychologie, die für das Neugeborene den Freiraum eines eigenen Namens fordert. Niemand kann einen geliebten Menschen wieder aufleben lassen, und jedes Kind will für sich geliebt werden. Tatsächlich fühlen Menschen, die etwa eine jung verstorbene Tante als „kleine *Anne*" weiterleben lassen sollen, sich oft im Schatten des durch den Verlust idealisierten Namenspaten – den sie selbst nie kennen und lieben lernten.

Ein echter Fluch kann das Namenserbe sein, wenn eine im öffentlichen Bewusstsein verankerte Ikone etwas von ihrem Glanz vermachen soll: Nie werde ich *Kleopatra* Hinterbaumer vergessen, eine leider gar nicht exzeptionell hübsche Mitschülerin. Wie einem *Herkules* mit Hühnerbrust oder einer *Marilyn* ohne Sexappeal wurde ihr die eigene „Unzulänglichkeit" sozusagen täglich ins Bewusstsein gerufen. Vorsicht also bei der Wahl von Namen, die in jedermann eine eindeutige → *Assoziation* hervorrufen: Als Namensgebender sollten Sie nie in den Verdacht geraten, Ihrer eigenen Begeisterung für die Antike, für einen Popstar oder eine Prinzessin höhere Bedeutung beigemessen zu haben als dem Wohl Ihres Kindes.

F

F wie Familie

Über Tradition und Zusammenhalt

Hilla hat viele Geschwister, Cousins und Cousinen: *Hanna, Holger, Helga, Hans, Hermann, Holle, Hilde* und ... In ihrer Generation haben alle Familienmitglieder einen Vornamen, der mit „H" beginnt. Wie kam es dazu? Noch vor *Hillas* Geburt siedelten ihre Eltern, Tanten und Onkel von Siebenbürgen nach Deutschland aus und mussten ihr Brauchtum und den vertrauten Lebensstil aufgeben. Doch auch wenn der eine Bruder schließlich in Köln, der andere in München Fuß fasste: Den engen Familienverband wollte man wahren. So kam es zur „Generation H".

Geschichten wie die von Hillas Familie kennt man seit langem und in vielen Varianten. Im Stammbaum der Musikerfamilie Bach zum Beispiel findet man nicht nur den berühmten *Johann Sebastian,* sondern seinen Vater *Johann Ambrosius,* seinen Bruder *Johann Christoph* und seine Söhne *Johann Christoph Friedrich* und *Johann Christian.* Womit die Liste der Bachschen *Johanns* noch lange nicht erschöpft ist: Die starke Betonung des „Familien-Vornamens" spricht für ein ausgeprägtes familiäres Selbstbewusstsein und wirkt fast wie eine Selbstadelung.

Nicht immer zeigen Familientraditionen sich so deutlich, tatsächlich jedoch pflegt fast jede Familie einen gewissen Namensstil: Hat das erste Kind einen klassischen Namen, dann wird das beim zweiten oft ebenso sein, und „Bildungsnamen" aus Literatur und antiker Mythologie stehen selten neben Anglizismen und Exotika. Weniger verspielt, dafür weit und teils bis heute verbreitet ist die Tradition, Stammhalternamen weiterzugeben, also den erstgeborenen Sohn nach dem Vater, die weiteren nach anderen nahen Verwandten zu benennen. In Griechenland, wo man auf Abgrenzung zur Türkei achtet, gehen bis heute die Namen der Großeltern auf die Enkelkinder über. Die Namenswahl von Mädchen geht man allgemein etwas lockerer an: Da diese in andere Familie einheirateten, die Familienlinie also offiziell nicht fortsetzten, fühlte man sich weniger streng an Traditionen gebunden. Aus diesem Grund war und ist die Vielfalt von Mädchennamen größer, und Moden setzten sich schneller durch.

G

G wie Grenze

Über die Schatten des Wir-Gefühls

Was sich im Kleinen in der → *Familientradition* spiegelt, gilt auch im Großen: Namen machen deutlich, wer zu wem gehört: „Der *Iwan*" ist ein Russe, „der *Tommy*" ein Engländer, „der *Ali*" ein Türke und „the *Fritz*" ein Deutscher. Wobei das nach Zusammengehörigkeit strebende Rudeltier Mensch sehr anpassungsfähig sein kann. Als Englisch zur offiziellen Sprache der USA wurde, anglisierten Einwanderer aus anderen Sprachgebieten ihre Namen: Aus einem italienischen *Franco* wurde ein *Francis,* aus einem deutschen *Hans* ein *John:* Relativ wenige Namen mit fremdländischer Anmutung konnten dauerhaft immigrieren, und wenn sie es doch schafften und sogar ihre Schreibweisen beibehielten, dann wurde wie beim *Gretchen* (sprich: Grettken) die Aussprache anglisiert. Die gerade entstehende amerikanische Gesellschaft strebte nach Einheit, nach einer eigenen Identität, und wer sich auf lange Zeit „namentlich distanzierte", der wurde kein echter Amerikaner, eckte an und hatte weniger gute Aufstiegschancen.

Aber immerhin war im Schmelztiegel USA Integration möglich. Bei uns dagegen will sich die Kluft zwischen Migranten und „Einheimischen" nicht so recht schließen, was die Namen beweisen: Wenn Sie in einen deutschen Schulhof gehen und dort jemanden *Mehmet* rufen hören, kommt mit fast hundertprozentiger Sicherheit ein kleiner türkischstämmiger Junge um die Ecke geflitzt. Umgekehrt ist es genauso, türkische *Lieschen* gibt es kaum. Die gleiche Distanz gilt in Großbritannien für den Umgang mit indischen, in Frankreich mit arabischen Namen.

Einziger Schlüssel zu wechselseitiger Grenzüberschreitung sind gegenseitige Achtung und Freundschaft. Partner aus Mischehen sind oft Meister in der Kunst Namen zu finden, die in den Sprachen beider Elternteile verbreitet sind oder zumindest eine vertraute Anmutung haben. Raffiniert das bayerisch-türkische Ehepaar, das seine Söhne *Sinan, Junus* und *Deniz* nannte – klingt doch verblüffend nach *Simon, Justus* und *Dennis.*

H

H wie heilig

Über die Entwicklung des christlichen Namensschatzes

Ab dem 3. Jahrhundert zogen neue Namen durch Europa: Mit der Christianisierung verbreiteten sich alttestamentarische Namen und die Namen von frühen Päpsten und Märtyrern. Diese Entwicklung vollzog sich eher zögerlich, selbst in konvertierten Gegenden bevorzugte man die vertrauten Namen. Manch alter Name wie *Bernhard, Ulrich, Brigitte* und *Kilian* wurde durch die Heiligsprechung von Märtyrern und Wundertätern auch einfach christlich neu besetzt.

Die erste größere „Welle“ von bekennenden Namen wie *Christian, Christiane* und *Christine* gab es im 8. Jahrhundert. Ein sprunghafter Anstieg christlicher Namen fand dann ab dem 13. Jahrhundert statt, und eine wesentliche Rolle spielte dabei die von dem sich gerade etablierenden Ordenswesen vorangetriebene Heiligenverehrung, die vielen Heiden den Abschied von der Vielgötterei erleichterte. Heute kann man sich kaum mehr vorstellen, wie tiefgreifend der Heiligenkult über Jahrhunderte den Alltag prägte. Für fast jeden Lebensbereich gab es einen zuständigen „Ansprechpartner“: Hatte man etwas verloren, rief man den Heiligen *Antonius* um Hilfe, in Liebesangelegenheiten wandte man sich an den Heiligen *Valentin,* und Sterbende suchten bei der Heiligen *Barbara* Beistand. Jeder Berufsstand hatte seinen Schutzpatron: Die Heilige *Katharina* hielt ihre Hand über die Müller, der Heilige *Christopherus* stand den Fuhr- und Fährmännern bei, der Heilige *Julius* den Latrinenreinigern. Daneben gab es unzählige lokale Schutzheilige. Darum heißt Ludwig Thomas „Münchner im Himmel" *Aloysius,* darum ist der Name *Birgit* in Schweden so verbreitet, und darum feiern Iren in aller Welt den Saint *Patrick's* Day. Vom Tag der Heiligen Drei Könige bis zum Tag des Heiligen *Silvester* war das Jahr durch den Heiligenkalender streng strukturiert. Bräuche wie der *Martin*sumzug, das *Johannis*feuer oder der *Nikolaus*abend sind Relikte davon. Findelkinder erhielten den Namen des Heiligen, dem der Tag ihres Auffindens geweiht war, und bis heute ist in streng katholischen Gegenden der Namenstag wichtiger als der Geburtstag.

Der Gegentrend kam mit der Reformation: „Zwischeninstanzen" zu Gott wie Heilige und der Papst wurden nicht mehr akzeptiert. Nach der Kirchentrennung bevorzugte man in protestantischen Gebieten Namen, die nicht prominent von einem Heiligen besetzt waren, in katholischen war es umgekehrt. Bei den Puritanern gingen die Rückbesinnung auf urchristliche Werte und die strenge Wortgebundenheit an die Bibel so weit, dass man christliche Tugenden wie *Patience* und *Faith* zu Mädchennamen machte. Auch unverbrauchte alttestamentarische Namen wie *Abraham, Joshuah* und *Elijah* waren bei ihnen sehr beliebt, dank der „Pilgrim Fathers" wurden sie zu „typisch amerikanischen Namen".

Heute werden biblische und heilige Namen sowohl in den USA als auch andernorts sogar dann gern vergeben, wenn die Eltern nur mehr an Weihnachten oder gar nicht mehr in die Kirche gehen: Sie sind ein wesentlicher Bestandteil unserer allgemeinen Namenskultur (→ *Q wie Quellen*).

I

wie Individualität

Über Einzigartigkeit als Allgemeingut

Haben Sie schon mal einen Kinderbuchautor bei einer Signierstunde beobachtet? Der echte Profi hat stets einen Zettel neben sich liegen, um die Namen seiner kleinen Leser erst mal im Trockenen zu üben. Oder könnten Sie den Geschwistern *Isa-May, Lynnia-Grace, Lisa-Doreen* und *Kester-William* aus dem Stand eine korrekte Widmung schreiben? Besondere Namen, gerne in den ungewöhnlichsten

Kombinationen, sind im Zeitalter des Individualismus Normalität. In den achtziger Jahren erhielten noch zwei Drittel aller männlichen Babys die populärsten zehn Namen. Ein Jahrzehnt später war es nur noch ein Drittel, und seither ist unsere Namensvielfalt stetig gestiegen.

Bei der Bemühung um Einzigartigkeit versucht man auch Modenamen zumindest eine „individuelle Note" zu verleihen, wenn nicht im Klang, so zumindest in der Schriftform. War eine *Sabine,* Trendname Nummer eins der sechziger Jahre, immer schlicht eine Sabine, gibt es heute *Lilli, Lili, Lilie, Lily* und *Lilly* oder *Eliahs, Elias* und *Elijahs.* Dieser verspielte Umgang mit Sprache erinnert an ein frühmittelalterliches Phänomen: Damals herrschte eine Namensvielfalt, mit der wir uns heute kaum messen können. Aus den meist zweigliedrigen germanischen Namen (→ *Q wie Quellen*) schöpfte man ständig neue Kombinationen, wobei die Wortbedeutungen kaum mehr zählten. Es ging eher darum, von beiden Familienseiten tradierte Namensglieder zu erhalten, aber auch die Freude am Klang spielte eine große Rolle. Vielleicht trieb man es schließlich zu toll, vielleicht sorgte auch die Durchsetzung der christlichen Namen für ein Ende der Vielfalt. Tatsache ist, dass der Namensfundus im Spätmittelalter rasant absank. Die Verbundenheit mit Gott, die Loyalität mit einem Landesfürsten wurde zur Hauptinspirationsquelle, zudem wurden den Stammhalternamen immer konsequenter weitergegeben.

Im 15. Jahrhundert hieß etwa ein Drittel aller Kölner *Johannes,* im ausgehenden Mittelalter knapp ein Viertel aller Frauen *Margarethe.* Die Namen *Heinrich* und *Konrad* waren so weit verbreitet, dass ihre Kurzformen *Hinz und Kunz* zum Synonym für jedermann wurden. Das Bedürfnis nach einer größeren Namensvielfalt nahm mit dem Wachsen der Städte und der Entwicklung einer urbanen Kultur wieder zu: Wenn nicht mehr jeder jeden kennt, muss der Einzelne eindeutig benennbar sein. Auch das Erstarken des Bürgertums führte zum Ansteigen der Namensvielfalt.

In unserer Zeit ist das Individuelle oft schon wieder profan: Trägt die halbe Klasse eine noch nie gehörte Doppelnamenkombination oder Namen aus aller Herren Länder und Zeiten, ist der schlichte *Franz* plötzlich wieder etwas Besonderes. Manche Eltern wählen deshalb wieder ganz bewusst „klassische Namen“: Wie alles unterliegt auch der Individualismus der → *Mode.*

J

wie Jahwe

Über die Macht der Namen und des Benennens

„Du sollst dir kein Bildnis von Gott machen und den Namen des Herrn, deines Gottes, nicht missbrauchen“, lautet das 2. Gebot im Buch Exodus. Der allmächtige Gott steht so weit über dem Menschen, dass allein der Nennung seines Namens ungeheure Kraft innewohnt: „Im Namen Gottes“ ist ein Schwur heilig, kann eine Ehe geschlossen werden – allein seine Anrufung im Gebet ist ein spiritueller Akt.

Über die genaue Bedeutung des Wortes Jahwe streiten die Theologen: „Ich bin, der ich bin“ ist die gängigste Übersetzung. Durch die Offenbarung seines Namens gegenüber Moses soll Gott seine Zugewandtheit gegenüber dem Volk Israel kundgetan haben: Während Götzen ihren eigentlichen Namen hinter „Verehrungsnamen“ verborgen hielten, war er benennbar, also direkt ansprechbar. Allerdings galt auch im Judentum der Name Jahwe als so heilig, dass er nicht ausgesprochen wurde: Der Name des Herrn wurde nur in Umschreibungen genannt.

Menschliche Herrscher imitierten diese Form der Distanzierung und gewährten Rangniedrigeren unter keinen Umständen das Privileg, sie beim Namen anzusprechen: Anreden wie „Ihro Hochwürden“ oder „Durchlaucht“, „Euer Gnaden“ oder zumindest „gnädiger Herr“ schafften weit größere Distanz als *„Karl August“* oder *„Maria Theresia“:* Wer nicht mit Namen angesprochen werden darf, entzieht sich der üblichen Ordnung – er ist unanfechtbar und über allem erhaben.

Darum übrigens ist es auch klug – falls man ihnen denn begegnen sollte, Hexen und anderen zauberkundigen Wesen seinen Namen zu verheimlichen: Ohne den Namen seines Opfers zu kennen, kann selbst der stärkste Magier nichts ausrichten.

K

wie Kose- und Künstlernamen

Über Namen in Schlafrock und Glitzerkleid

Diggerchen, Hase, Burzilein – die Palette der Kosenamen reicht von niedlich über peinlich zu despektierlich und völlig abstrus. Doch selbst vollkommen seriöse Zeitgenossen nennen einander im trauten Kreis bei den schier unglaublichsten Namen! Und das hat seinen Grund: So, wie man zu Hause vor der Familie oder dem Liebsten ungeniert nackt oder in der ausgebeulten Unterhose herumhüpft und sich dabei pudelwohl fühlt, schaffen auch Kosenamen Vertraulichkeit und Entspannung. Sie bedeuten: „Du musst jetzt nichts leisten, du darfst klein sein und dich gehen lassen!" Ein *Zuckermäuschen* braucht nicht vor einer Schulklasse als Oberstudienrätin zu brillieren, und ein *Mäuserich* muss keine Bankfiliale leiten, sondern darf alle Verantwortung von sich werfen und die Benimmregeln ab und zu ein bisschen vergessen. Kosenamen schaffen Intimität, Vertraulichkeit und Entspannung – solange man sie nicht laut in die Öffentlichkeit ruft. Nur die Allernächsten dürfen sie wissen oder gar gebrauchen: Sie sind exklusiv.

Obwohl gleichfalls oft mit viel Liebe genutzt, ist ein Künstlername praktisch das genaue Gegenteil eines Kosenamens: Er ist für die Öffentlichkeit bestimmt, nicht exklusiv, und er soll den Träger groß, wunderbar, schön, exotisch und perfekt erscheinen lassen. Künstlernamen sind wie Make-up: Sie erleichtern es einem Star, eine öffentliche Rolle einnehmen, diese im Privatleben aber auch wieder ablegen zu können: Diane Kruger steht im Rampenlicht, Diane Heidkrüger kann sich entspannen.

Künstlernamen schaffen und verstärken das Image des Trägers: Was für Lieder erwarten Sie von einem Pierre Baigorry? Vielleicht bretonische Volkskunst? Als Peter Fox serviert er clever-coole Songs. Der dänische Regisseur Lars von Trier verlieh sich leicht ironisch ein kleines Extra in Form des „von", die „Hausfrauen-Blondine" Doris Day dagegen ließ ihr Adelsprädikat (von Kappelhoff war ihr Name!) lieber unter den Tisch fallen. Henry John Deutschendorf wurde als Country- und Folksänger John Denver berühmt, und Maria Anna

Sofia Cecilia Kalogeropoulos als Maria Callas zur Operndiva. Wie bei Falco (d.i. Johann Hölzel) wirkt dieser Name nicht nur schicker, sondern funktioniert international. Auch kleinste Nuancen können das künstlerische Moment verstärken: Durch die Differenzierung seiner Namen konnte Charles alias Charlie Chaplin gleichzeitig Komödiant und Filmproduzent sein.

L

wie Literatur

Über Namen, die Geschichten erzählen

Die Namen *Scarlett* und *Rhett* sind Erfindungen der Autorin Margaret Mitchell. Hätten die beiden Romanhelden Scarlett O'Hara und Rhett Butler nur einmal auf ihre phonetische Bedeutung geachtet – *Scarlett* wie scarlet red (scharlachrot) und *Rhett* wie red (rot) –, vielleicht wäre „Vom Winde verweht" keine spannende und tragische, sondern eine langweilige und glückliche Geschichte geworden! Seit *Adam* und *Eva*, also seit „dem Ackerboden" und „der Lebendigen", spielen sprechende oder bedeutungsschwangere Namen in Mythen, Sagen und der Literatur eine große Rolle. Im Alten Testament ist fast jeder Name einer Bibelfigur mit ihrer jeweiligen Geschichte verknüpft: Der weise *Salomon* stiftet Frieden, und *Susanna,* die als „Lilie" das Symbol der Reinheit in sich trägt, verteidigt ihre Keuschheit im Bade.

Doch auch bei jüngeren Werken lohnt es sich, über die Namen der Helden nachzudenken, und Literaturwissenschaftler tun dies mit großer Passion: *Emma* aus Jane Austens gleichnamigem Roman z.B. heißt mit Nachnamen *Woodhouse.* Während das Holzhaus auf die kleinbürgerliche Seite der Heldin deuten soll, weist der im Englischen als vornehm und aristokratisch empfundene Vorname *Emma* auf ihre edle Seite hin. Was nur eines von vielen möglichen Beispielen ist, wie sprechende Namen in der Literatur eingesetzt werden.

Übrigens: Von Dichtern frei erfundene Namen sind immer wieder zu tatsächlich gebräuchlichen Namen geworden. Jonathan Swift hat aus Teilen des Kose- und des Nachnamens seiner heimlichen Geliebten den Kunstnamen *Vanessa* geschaffen, und seit Astrid Lindgren ihre kleine Räubertochter erfand, gibt es *Ronjas* auch bei uns.

M

wie Mode

Über die Dauer im Wechsel

Schon Theodor Fontane machte sich über Modenamen lustig – zu seiner Zeit waren es die französischen. Jede Zeit hat ihre Modenamen, jede Generation entwickelt ihre eigenen Vorlieben, Hitlisten, Ticks – das ist so sicher wie das Auf und Ab der Rocksäume.

Brigitte, Hildegard oder *Trude* gehören heute der Großelterngeneration an, *Sandra* und *Daniel* gründen gerade ihre Familien. War ein *Moritz* früher ein Lausbub und wurde als „der vom *Max*" ausgelacht, war der Name in den achtziger Jahren plötzlich sehr präsent. Stets ist es das gleiche Phänomen: Obwohl jeder Generation eine große Auswahl an bis dato eher ungebräuchlichen Namen zur Verfügung steht, avancieren einige wenige davon plötzlich wie in geheimer Absprache zu den großen Stars. Welche Namen haben das Zeug zum „Supernamen"?

Tatsächlich sind es allen voran die Namen der Groß- und Urgroßelterngeneration: Ihre Welt ist für die Enkel exotischer als die der Eltern. Und die Beziehungen sind oft entspannter: Großeltern haben weniger Alltagskonflikte mit Kindern auszutragen. Während also die Namen der Eltern im Allgemeinen als „uncool" empfunden werden, die der eigenen Generation als verbraucht, und beide erst mal eine Runde aussetzen müssen, wecken ältere Namen oft positive, nostalgische Gefühle. So weit zur Familie. Doch auch der Zeitgeist, bedeutende kulturelle und andere Ereignisse spielen eine Rolle. Die Romantiker idealisierten das Mittelalter und ließen lang entschwundene Namen wie *Madelone, Genoveva* oder *Anselm* wieder aufleben. Der große kulturelle Einfluss der USA auf Deutschland, nach 1945 durch die Re-Education, heute über Filme, Bücher und Popmusik, hat viele englische Namen zu uns gebracht. Ein Phänomen für sich ist die Popularität des Namens *Kevin,* die sowohl auf den Schauspieler Kevin Costner als auch auf den 90er-Jahre-Film „Kevin allein zu Haus" zurückgeht. Und da die Regenbogenpresse nicht nur die Welt der Stars, sondern auch die des europäischen Hochadels in jedes Wartezimmer bringt, sind noch immer Namen aus Fürstenhäusern sehr beliebt, man denke an *Caroline* oder *Mette-Marit.*

Wirklich rätselhaft sind dagegen klangliche Modewellen: In den sechziger Jahren fingen die meistvergebenen Mädchennamen mit einem S an: *Sabine, Susanne* und *Stefanie* führten jahrelang die Hitlisten an. Heute dagegen gibt es, fast noch stärker ausgeprägt, eine Klangvorliebe für L-Laute, die sowohl für Mädchen- als auch Jungennamen gilt. *Leonie* und *Leon, Lea, Lena, Laura, Lili, Lukas, Luis* und *Lisa* gehören alle zur „Generation L" – lalum nur, lalum?

N

wie Noblesse

Über die Freuden der Vielnamerei

Mit ihrem imposanten vollen Namen *Pippilotta Viktualia Rollgardina Pfefferminza Efraimstochter Langstrumpf* beeindruckt Pippi Langstrumpf gern und erfolgreich sowohl Lehrerinnen als auch Einbrecher. Abgeschaut hat sie den Trick vom Adel: Nach der schönen Devise „Viel hilft viel" wählen blaublütige Eltern und solche, die es gern wären, bei der Taufe jede Menge *Karl Ottos, Friedrichs, Ludwigs* oder *Luises, Augustes* und *Marie Sophies.* So viele noble Namen sind fast so gut wie ein „Herr Baron" oder ein „von". Nur Achtung, dass die Auswahl auch – wie bei dem schon wegen seiner zehn Vornamen allseits bekannten deutschen Minister – unmissverständlich nach hauseigenen Ahnen nobler Natur klingt. Kose- und Kurzformen, Modisches oder gar Fremdländisches würden den ganzen schönen Effekt verderben!

Astrid Lindgren hat das klassenbewusste Imponiergehabe, dessen Wurzeln im weitschweifigen Zweckehewesen des europäischen Hochadels liegen, herrlich parodiert: Pippilotta klingt wie Prinzessin *Charlotte* in Kindersprache, und Viktualia ist mindestens so imposant wie die im schwedischen Königshaus so beliebte *Viktoria,* stammt aber nicht aus dem Thronsaal, sondern aus der Küche: „Viktualie" ist ein altes Wort für „Lebensmittel". Genau wie die Pfefferminze ist dies zugleich eine Persiflage der dämchenhaften Blumennamen. Rollgardina hat etwas von *Regula* und ist einfach herrlich albern. Nachnamen, die sich wie die Efraimstochter aus einem Vornamen und der Endung -tochter oder -sohn bilden, sind in Skandinavien weit verbreitet, nur ist der *Efraim* genauso wenig schwedisch wie sein Königreich Taka-Tuka-Land. Pippis zweiter Nachname gibt dann den kulturellen Adel: Eine Frau Langstrumpf hat doch mindestens die literarische Größe eines Herrn Lederstrumpf und die Zivilcourage eines feministischen Blaustrumpfs. Fertig ist der Name des frechsten und stärksten Mädchens der Welt!

Schade nur, dass unser Adel der Adaption von Lindgren-Namen gegenüber weniger aufgeschlossen ist als Otto Normalverbraucher, der seine Kinder mit romantischem Leuchten in den Augen gern *Ronja* und *Nils* nennt. Auf eine Pippilotta von Thurn und Taxis müssen wir wohl noch ebenso lange warten wie auf eine Fatima von Hohenzollern (→ *G wie Grenze*).

O

wie Ortsverbundenheit

Über Hits aus der Provinz

Obwohl Maria Luggau ein kleines Örtchen ist, kann man hier lange nach der Pension von *Franz* und *Maria* Luggauer suchen: Genau so heißt nämlich die halbe Dorfbevölkerung. An der Spitze eines engen, abgeschiedenen Tals gelegen, zählen in Maria Luggau noch Traditionen, und der Fremdeinfluss hält sich in Maßen.

Ähnliche „Namensreservate" kennt man auch aus anderen isolierten Regionen wie etwa Inseln: Die Pflege von regional traditionellen Namen beweist Selbstbewusstsein und Lokalpatriotismus: Island beispielsweise betreibt zwar mit dem Rest der Welt einen regen Austausch an Waren und Kultur, fremde Namen jedoch werden kaum importiert – eine echte Isländerin hat einen echt isländischen Namen.

Dass auch Dorfpflänzchen in der weiten Welt wurzeln können, beweist der Name *Jennifer*. Diese Variante von *Genoveva* stammt aus der Gegend um Cornwall und war lange Zeit fast ausschließlich in dieser Region zu finden. Erst Anfang des 20. Jahrhunderts machte eine Bühnenfigur George Bernard Shaws den Namen in anderen Teilen Englands bekannt, heute wird er von Caracas bis Cottbus geliebt und gehört zu den meistverbreiteten Namen der westlichen Welt.

P

wie Politik

Über das Bekennen und Protestieren

Neben religiösen spiegeln sich in Namen auch immer wieder politische Überzeugungen. Während der Hochblüte der Sowjetunion wurden Kinder „Traktor“ und *Lenin* genannt, im Spanischen Bürgerkrieg *Libertad* (Freiheit) und *Constitución* (Verfassung), im Mao-China *Hong* (rot). Während der 68er-Bewegung waren in linken westdeutschen Kreisen russische Namen wie *Kolja* angesagt. Im Osten dagegen brachte man mit *Jenny* oder *Cindy* Sehnsucht nach dem Westen zum Ausdruck, durchaus als politisches Bekenntnis zu verstehen. In Südafrika gebrauchte man während der Apartheid Namen wie „Tränen“ oder „Hoffnung“ als Zeichen des Protests. Namen können auch ein Mahnmal sein: Nach dem Reaktorunfall in Tschernobyl nannte ein Paar, das nach Griechenland ausgestiegen war, den kurz zuvor geborenen Sohn „Tscherny“.

Q

wie Quellen

Über das Woher und Wohin der Namen

Für den Namen *Yara* findet man ebenso viele Bedeutungen, wie er Buchstaben hat: *Meine Liebe, Wassergöttin, Blitz* und *kleiner Schmetterling.* Wie kann das sein? Die Antwort ist einfach: Der Name geht auf vier unterschiedliche Sprachquellen zurück. Meine Liebe ist kurdisch, die Wassergöttin indianisch, der Blitz stammt aus Papua-Neuguinea und der kleine Schmetterling aus dem arabischen Sprachgebiet. Dank der Globalisierung gibt es bei uns heute Namen aus aller Herren Länder, unsere klassischen Namen speisen sich allerdings aus drei Hauptquellen.

Unsere älteste, damit ursprüngliche

Quelle ist der germanische Sprachschatz, der in vielem eng verwandt und verwoben mit dem nordischen ist. Eine Renaissance erlebten diese Namen im 19. Jahrhundert. Sprachliche Eigenart dieser Namen war, dass sie sich meist aus zwei Wortteilen zusammensetzten. Am Anfang konnte ein *Ger-* (Speer), oder ein *Hell-* (Helm) stehen, am Ende ein *-nand* (mutig) oder ein *-rich* (mächtig). Frauennamen wurden aus den gleichen Bedeutungsgruppen zusammengesetzt, hatten aber Endungen wie *-lind* (sanft), *-rid* (schön) oder *-swind* (stark). Die Namensteile wurden in unzähligen Varianten zusammengesetzt, wobei schon früh nicht mehr groß auf den Sinn geachtet wurde. Der lag im Allgemeinen im Kriegerisch-Wehrhaften (→ *Namen vom Zusammensein, S. 40ff*). „Es saust und rauscht in den germanischen Namen von Kraft und Muth und Kühnheit, von Schlacht und Kampf und Krieg", heißt es in einem „Deutschen Namensbüchlein" aus dem Jahr 1891. Kein Wunder, dass die Nationalsozialisten diese Namen nicht nur wegen ihrer Herkunft so schätzten, was bis heute gemischte Gefühle gegenüber „urgermanisch wirkenden" Namen hervorruft.

Die zweite große Quelle unserer Namen ist die Bibel. Biblische Namen haben oft Bedeutungen, die mit der jeweiligen Bibelgeschichte verbunden sind. Sie stammen aus dem Hebräischen bzw. dem Aramäischen, der Urform des Hebräischen. Viele dieser Namen haben Pendants im sprachlich verwandten Arabischen. Da die ersten Bibelübersetzungen ins Deutsche aus dem Griechischen und Lateinischen erfolgten, kennen wir viele biblische Namen nur in bereits „gewanderten Fassungen" und wissen beispielsweise nicht, dass die *Maria* und die *Mirjam* ein und derselbe Name sind (→ *Namen aus der Reisetasche, S. 63*). Die Expansion des christlichen Glaubens über die Grenzen Israels hinaus spiegelt sich im Neuen Testament: Hier finden sich auch griechische und lateinische Namen wie *Stephan, Lukas* und *Paulus.* Diese antiken Namen sind die dritte große Quelle unserer Namen.

Aber nicht nur die Bibel machte Namen aus dem „klassischen Altertum" zu Standardnamen der westlichen Welt. Sowohl die Ausweitung des Römischen Reichs als auch die Bedeutung antiker Mythologie, Literatur und Philosophie in unserer Kulturgeschichte führte dazu, dass

Namen wie *Anton* und *Cornelia* – ursprünglich römische Geschlechternamen – oder *Sophia* und *Georg* (beide griechisch → *Namen mit Sinn und Zweck, S. 52*) zu Standardnamen der westlichen Welt wurden. Da Latein viele Jahrhunderte lang die offizielle Sprache der Kirche, aber auch der Amtspersonen und Würdenträger war, und im humanistischen Bildungsverständnis die Kenntnis des Altgriechischen als Selbstverständlichkeit galt, wählte das Bildungsbürgertum – insbesondere das kirchenkritische Bildungsbürgertum – gerne Namen antiken Ursprungs. Auch germanische Namen wie Anselm wurden deshalb gerne latinisiert, z. B. *Anselm* zu *Anselmus*.

Unsere drei klassischen Namensquellen haben heute einigen Zulauf aus anderen Kulturkreisen bekommen (→ *I wie Individualität*). Doch auch wenn diese wegen ihrer Exotik sehr ins Auge stechen: Unter den bei uns heute wirklich verbreiteten Namen stammen fast alle aus den drei genannten Quellen. Einzig einige wenige Namen gälischen, keltischen oder altenglischen Ursprungs wie *Colin* und *Kevin* stechen durch den großen Einfluss der angelsächsischen Welt hervor. Doch auch die meisten gebräuchlichen englischen Namen gehen ebenso wie unsere unzähligen Varianten und Kurzformen auf die drei hier beschriebenen Gruppen zurück.

R

wie Rhythmus und Klang

Über die Kunst der Namenskomposition

Nichts bestimmt die Wahl eines Namens so stark wie der Klang. Die Hindus sagen, dass ein guter Frauenname wie ein wohltönendes Gebet ist, und in Italien soll er wie die Melodie eines schönen Liedes klingen. Was nun macht eine schöne Melodie aus? Vor- und Nachname sollten keine rhythmische Holperstrecke bilden, harte Laute von weichen aufgefangen werden, kurze Silben von langen, und Vokale sollte es weder zu viele noch zu wenige geben. Bei langen Nachnamen rät man von langen Vornamen oder komplexen Doppelnamen ab. In Griechenland gelten offensichtlich andere Regeln, derart silbenreiche Namensgebilde wie *Pinelopi Pourpoutidou* (die gibt es wirklich!) können nur hier erdacht werden. *Kai Kuhn* steht dann auf der anderen Seite der Skala – mehr als zwei Silben darf man seinem Kind ruhig gönnen.

Regional gefärbte Vornamen klingen meist dann am schönsten, wenn der Nachname entweder neutral ist oder aus der gleichen Region stammt. Also, Familie Feddersen, aufgepasst: Nennen Sie Ihren Sohn bitte nicht Xaver, es gibt so viele andere schöne Namen.

S
wie soziale Zuordnung
Über Namen von oben und Namen von unten

Im traditionellen Hinduismus mit seinem starren Kastensystem verrieten die Namen eindeutig, wie ihre Träger sozial einzustufen waren: Nur Kinder der obersten Kaste durften heroisch-erhabene Namen mit Führungsattributen tragen, die der mittleren bekamen Namen mit sozialen und verwaltenden Funktionen, und die Angehörigen der niedrigsten Kaste drückten mit ihren Namen Demut und Dienerschaft aus.

Obwohl unsere Gesellschaft wesentlich durchlässiger und das System der sozialen Taxierung nicht in solcher Ausschließlichkeit festgeschrieben ist, gilt noch immer der alte Spruch: *Gleich und Gleich gesellt sich gern.* Wenn jemand ungefähr unserem Bildungsniveau entspricht, unsere Art der Sozialisation teilt und in etwa gleich begütert ist, dann tun wir uns mit ihm oft leichter. Um unsere sozialen Pendants zu finden, setzen wir Zeichen: Durch die Kleidung, die Automarke, den Sprachduktus und – natürlich – auch durch Namen.

Menschen mit geringerer Schulbildung stehen Modenamen und angelsächsischen Namen im Allgemeinen aufgeschlossener gegenüber als Akademiker, die durch Namen gern ihr Bildungsniveau zeigen: Wer einen Namen aus der antiken Mythologie, der hebräischen Kultur oder der Bibel vergibt, zeigt, dass er mit diesem Kulturgut vertraut ist.

Dass die meist unbewusst gegebenen Codes durch die Namen tatsächlich wirken, bestätigt eine Studie der Universität Oldenburg zum Thema Namen und Leistungseinschätzung, deren Ergebnisse im Herbst 2009 durch die Presse gingen. Ohne sich dessen bewusst zu sein, findet bei

Lehrern bereits beim Blick auf die Klassenliste eine soziale Taxierung der Schüler statt: Einem *Alexander* und einer *Hannah* wird tendenziell mehr Leistungsfähigkeit zugetraut als einem *Marvin* und einer *Chantal*.

„Schauen Sie bei Lehrer-, Arzt- und Pastorenfamilien, da liegen Sie ziemlich gut", rät daher Frau Prof. Astrid Kaiser, unter deren Federführung die Studie durchgeführt wurde, allen Eltern bei der Namenssuche – ob mit oder ohne Augenzwinkern, sei dahingestellt. Wer nun panikartig fürchtet, die akademische Karriere seiner Tochter oder seines Sohns durch die falsche Namenswahl vereitelt zu haben, der sei beruhigt: Selbst Bildungsnamen unterliegen dem Zeitgeist (*→ M wie Modenamen*). Und: Neu ist die Erkenntnis, dass Namen aus kleinen große Leute machen können, nicht – schon im frühen 19. Jahrhundert belustigten Satiriker sich in Spottgedichten über (königliche) *Gustavs* und *Eduards*, die Heu dreschen.

T

wie Tarnname

Über die Kunst der Täuschung

Der wohl berühmteste Tarnname der Welt ist eine Ziffernkombination: *007* ist der Geheimagent schlechthin. Im wirklichen Leben kennt jedes Kind auch seinen echten Namen, den Schurken, denen er auf der Leinwand das Handwerk legt, muss sich der elegante Agent jedoch immer erst vorstellen: Mein Name ist Bond – James Bond!

Tarnnamen kennt man aus der Welt der Spionage, aber auch aus dem politischen Widerstand und dem Terrorismus. Im Untergrundkampf gegen die Nazis nahm der Sozialdemokrat Herbert Frahm den Decknamen *Willy Brandt* an, unter dem er später deutscher Kanzler wurde. Andreas Baader und Gudrun Ensslin waren RAF-Mitgliedern als *Hans* und *Grete* bekannt, andere RAF-Mitglieder verbargen sich hinter Namen aus dem Roman „Moby Dick".

Auch in der schreibenden Zunft werden Tarnnamen gerne eingesetzt, dort nennt man sie jedoch elegant

Pseudonyme. Kurt Tucholsky versteckte seine politischen Texte hinter zahlreichen Namen, u. a. *Peter Panter* und *Theobald Tiger.* Selbst manch Kinderbuch konnte nur im Schutz eines Decknamens erscheinen, so zum Beispiel „Die rote Zora“. Ihr Schöpfer, der kommunistische Autor Kurt Kläber, umging das Schreibverbot seines Schweizer Exils mit dem Pseudonym *Kurt Held.* Pseudonyme werden aber auch aus weniger dramatischen Gründen gewählt: Zum einen schätzen viele Autoren ihre Inkognito-Existenzen, zum anderen ist das Schaffen eines klangvollen Pseudonyms natürlich ein literarisches Vergnügen (→ *K wie Kose- und Künstlernamen*).

U

wie Unterwerfung

Über die dunkle Macht des Benennens

„Fürchte dich nicht, denn ich habe dich erhört, ich habe dich bei deinem Namen gerufen, du bist mein“, sagt Gott im Buch des Propheten Jesaja. In der weiteren Geschichte der Menschheit müsste es leider immer wieder heißen: „Ich habe dich bei deinem Namen gerufen, du bist mein. Fürchte dich!“ Namen sind Machtinstrumente, die man ohne viel Aufwand, aber mit sehr viel Effekt bei der Unterwerfung eines Einzelnen, einer Gruppe oder eines Volkes einsetzen kann: Wer dem anderen die Freiheit des eigenen Namens nimmt, wer die Namen seiner Kinder bestimmt, der ist der Herr der Dinge. „Renate Erika, genannt Viola“ stand im Kinderausweis einer 1940 geborenen Frau. Das war das höchste Zugeständnis, das ihre Mutter dem Standesbeamten entlocken konnte: Als „undeutscher“ Name – seit einem Erlass vom 14. März 1937 sollten „Kinder deutscher Volksgenossen grundsätzlich nur deutsche Vornamen“ erhalten – wurde der Wunschname *Viola,* das lateinische Veilchen, abgelehnt. Die eigentlich ebenso lateinische, aber durch die weite Verbreitung als deutsch empfundene *Renate* wurde akzeptiert. Die größte Freude für den nationalsozialistischen Beamten wäre natürlich ein germanischer Name aus einer der offiziellen Empfehlungslisten gewesen.

In der Kolonialzeit verpassten die selbst ernannten neuen Landesherren den einheimischen Kindern beim Schuleintritt einen neuen Namen – so erhielt auch Mandela seinen Vornamen *Nelson.* Seinen Geburtsnamen *Rolihlahla* kennen die wenigsten. Was schade ist, hat er doch eine geradezu prophetische Bedeutung. Wörtlich übersetzt heißt er „einer, der am Ast zieht“ – was so viel bedeutet wie Unruhestifter. Bei den Zwangsbenennungen in den Kolonialländern spielte auch die Kirche eine große Rolle. Oft weigerten sich Missionare, ein Kind auf einen „heidnischen“ Namen zu taufen. So hatten viele Kinder zwei Namen: Einen offiziellen aus dem Kulturkreis der Obrigkeit, einen inoffiziellen aus dem eigenen. „Ein Mensch, zwei Namen, keine Identität“, so beschrieb die Aborigine-Autorin Kath Walker das Leben zwischen den Namen. Sie nahm im Alter, am Höhepunkt einer erfolgreichen schriftstellerischen Karriere, ihren Namen *Oodgeroo Noonuccal* an. Auch viele Afroamerikaner nahmen während der Black-Power-Bewegung afrikanische Namen an, als Zeichen ihres Protests gegen ihre „Sklavennamen“.

Natürlich gibt es auch in Europa eine lange Tradition darin, Menschen die Freiheit der Namenswahl zu verwehren. Immer wieder wurde es assimilierten Juden verwehrt, ihren Kindern christliche Namen zu geben – sie sollten klar erkennbar und damit ausgrenzbar sein. Im Spanien der Franco-Diktatur waren katalanische, galizische und baskische Vornamen, also alle Namen der unterdrückten Minderheiten, verboten. Die wohl grauenhafteste und tragischste Form der Diskriminierung über Namensgebung fand im Nazideutschland statt: Ein Pass, in den der Name „Sara“ oder „Israel“ gestempelt war, beraubte seine Besitzer aller staatsbürgerlichen Rechte und machte sie zum Freiwild.

V

wie Verwaltung

Über Schreibregeln und Nachnamen

In Island ist vieles anders als anderswo in der Welt: Die Strände sind schwarz, die Schrift hat eigene Zeichen, die Menschen baden in heißen Quellen und essen getrockneten Fisch als Snack. Und die Telefonbücher sind nach Vornamen sortiert: Streng genommen gibt es in Island keine Familiennamen, jedes Kind trägt den Namen des Vaters in Kombination mit der Endung *-dottir* (-tochter) oder *-son* (-sohn). Mit einer Gesamtpopulation von 300.000 Bürgern ist dies im dünn besiedelten Inselstaat möglich.

In den meisten anderen Ländern brachten das Ansteigen der Bevölkerungsdichte und die Entstehung der Städte mit sich, dass unverbindliche Beinamen wie *der kleine Sepp* oder *der Müller-Sepp,* meist aus Vornamen, Berufen, Herkunftsorten und nicht zuletzt den auffallenden inneren oder äußeren Merkmalen des Trägers entwickelt, zu verbindlichen Nachnamen wurden. Ab dem 12. Jahrhundert tauchten sie zunehmend in Dokumenten auf. Der Zu- oder Nachname wurde wegen der Weitergabe von Generation zu Generation auch „Familienname" genannt. Ab dem späten 17. Jahrhundert wird den einmal in Geburtsurkunden festgelegten Namen zunehmende Verbindlichkeit zugesprochen. Der Prozess, die Schreibweise von Namen festzulegen, zog sich bis 1876 hin: In diesem Jahr fand nicht nur die erste orthographische Konferenz zur Festlegung einer deutschen Rechtschreibung statt, sondern es trat auch das Personenstandsgesetz in Kraft: Von nun an waren Änderungen des in der Geburtsurkunde vorgegebenen Namens nur mehr mit amtlicher Genehmigung möglich. Der wichtigste Schritt zur eindeutigen amtlichen Erfassbarkeit aller Bürger in einem komplexen Staatsgefüge war getan.

Abgesehen von dieser ernsten Funktion haben Nachnamen auch immer wieder hohen Unterhaltungswert. Kombinationen wie *Felix Glücklich, Rosa Nelke* oder *Julius Cäsar* vergisst man nie!

W

wie Wechsel

Über Namen, die mitwachsen

Anfang zwanzig verkündete eine meiner Freundinnen jedem, der es hören wollte – oder auch nicht –, dass es Schluss sei mit der *Bärbel,* ab jetzt heiße sie *Barbara.* Gleichzeitig tauschte sie ihren Teenie-Hippie-Look gegen schicke Klamotten aus, zog aus dem Waldtruderinger Reihenhaus der Eltern nach Schwabing und begann ein Studium.

Kindernamen haben die schöne Eigenschaft, dass man sie eines Tages ablegen kann. Wenn einer plötzlich nicht mehr *Tommi,* sondern *Thomas* sein will, dann heißt das: Vorsicht beim ungefragten Knuddeln und Kommandieren, der junge Mensch will erwachsen sein, ein wenig Respekt und Distanz sind angebracht. Umgekehrt erwarten wir von einem Thomas natürlich ein bisschen mehr Verantwortung. Eltern, die ihre Kinder von Anfang an „ernst nehmen" wollen, wehren sich deshalb oft gegen die Verniedlichung ihrer Namen oder suchen sogar Namen aus, die sich nicht „verhunzen lassen" – wobei das ein frommer Wunsch ist. Und oft auch vergebliche Liebesmühe: Teenager oder junge Erwachsene, die als Kind keine Kindernamen bekamen, kürzen ihre Namen später oft selbst ab. Abgrenzung von der Allmacht der Alten muss sein, egal wie!

Das Ablegen der Kindernamen ist ein letztes Überbleibsel einer archaischen Tradition. Von den Indianern kennen wir spirituelle Suchwanderungen junger Männer nach ihren erwachsenen Namen. Den bekommen sie nicht einfach, sondern erfahren ihn durch Meditation, Fasten oder eine Phase der Isolation in der Wildnis, in der sie Mut und Selbständigkeit beweisen. Auch bei den australischen Aborigines und bei vielen afrikanischen Völkern gibt es vergleichbare Initiationsriten.

Bei manchen Naturvölkern kann es sogar mehr als einen Namenswechsel geben: Babynamen, Kindernamen, Namen für die verschiedenen Phasen im Erwachsenenalter. Krankheit und außerordentliche Ereignisse können einen Namenswechsel nach sich ziehen: Der Name soll dem Wesen des Trägers stets genau entsprechen.

In unserem Kulturkreis haben übrigens die Gehörlosen diese Idee eines konkreten Namens übernommen. Da unsere Namen ohne Vorwissen nur aus bedeutungslosen Klängen bestehen, hat jeder, der die über Symbole funktionierende Gehörlosensprache spricht, ein Zeichen, das eine Wesenseigenart oder ein Merkmal darstellen soll. Dieses Namenszeichen kann er selbst wählen oder sich geben lassen, und er kann es auch immer wieder ändern, wenn es als nicht mehr passend empfunden wird.

Es gibt auch biblische Gestalten, die ihren Namen wechselten. Sprichwörtlich ist die Verwandlung des *Saulus* zum *Paulus,* aber auch *Sarah* erhielt ihren Namen von Gott selbst, als er sie zur Stammesfürstin Israels bestimmte. Noch heute müssen Ordensmitglieder beim Eintritt in ein Kloster ihren bürgerlichen Namen als Symbol ihrer weltlichen Existenz zurücklassen und erhalten einen Ordensnamen. Auf der anderen Seite der gesellschaftlichen Skala stehen Prostituierte, die für ihre Arbeit im Bordell einen Hurennamen tragen: Auch sie lassen ihre bürgerliche Existenz zumindest zeitweise zurück.

Meine Freundin *Barbara* ist übrigens nach vielen Jahren wieder zur Bärbel geworden – zumindest für gute alte Freunde. Heute, da sie ausreichend lange ihr Erwachsensein beweisen konnte, fühlt sie sich mit ihrem alten Namen wieder jung.

X

wie Xanthippe

Über Namen, die kaum mehr Namen sind

Es gibt Namen, die nicht nur vage → *Assoziationen* wach rufen, sondern stehende Bilder sind. Eine *Xanthippe* ist dank Sokrates' Gattin eine zänkische Frau, eine *Lolita* seit Nabokov eine verführerische Minderjährige und ein (Don) *Juan* ein Frauenheld. *Nero* steht für einen brutalen und im Machtrausch wahnsinnigen Diktator und *Cäsar* für einen Welteroberer, Strategen und nicht zuletzt für „lateinische Pflichtlektüre".

Sind Namen so eindeutig negativ besetzt wie *Luzifer,* wird ihre Verwendung bei uns nicht gestattet. Auch Blasphemie ist verboten, und als solche gilt bei uns die Verwendung des Namen *Jesus.* In Lateinamerika dagegen ist seine Verwendung ein Zeichen von Ehrerbietung.

wie Y

Über den Minimalismus

Kaum zu glauben: Auf der Suche nach einem wirklich ausgefallenen Namen konnten amerikanische Eltern den Standesbeamten von diesem Namen überzeugen. Y – natürlich „Wai“ gesprochen – ist wohl der kürzeste Name der Welt.

wie Zweitname

Über den klugen Einsatz der zweiten Garde

Bekommt ein Kind mehrere Namen – und dieses Privileg haben nicht nur Adelige –, wird einer von ihnen als Rufname gekennzeichnet. Die anderen, meist nur bei offiziellen Anlässen genannten Namen dienten und dienen dazu, Verwandtschaftsbezüge zu betonen. Oft sind es die Namen der Großeltern, Urgroßeltern oder von Tanten und Onkeln, was die Alten freut, die Jungen zeitlebens an ihre Familie erinnern wird.

Zweitnamen werden aber auch genutzt, wenn man Vorbilder verewigen will, wenn man den persönlichen Geschmack ohne Blick auf Konventionen oder Moden ausleben will oder wenn man einfach Spaß an der Schönheit dieser Namen hat. Also, wenn auch Sie dringend den Namen Ihrer finnischen Lieblingsautorin feiern oder Ihre Leidenschaft für Wagner-Opern ausleben wollen: Tun Sie es im Zweitnamen. Kleopatra Hinterbaumer, Sie erinnern sich ihrer aus → *E wie Erbe*, hätte es ihren Eltern jedenfalls gedankt.

Literaturverzeichnis

(eine Auswahl, natürlich nach Vornamen sortiert)

Alfons Kaiser (Hg.): *Die Welt der Vornamen. Anleitungen aus 22 Ländern Namen zu verstehen.* Mit Zeichnungen von Beck. Europäische Verlagsanstalt, Hamburg 1998. (Eine interessante Essay-Reihe der FAZ zur internationalen Vornamenskultur.)

Dietrich Voorgang: *Nordische Namen.* Falken Verlag, Niederhausen/Ts. 1999.

Dietrich Voorgang: *Von Alissa bis Zoltan. Vornamen aus aller Welt.* Mosaik Verlag, München 2002. (Viele Beispiele und Varianten von exotischen und vertrauten Namen aus aller Welt, kurze Übersetzungen, allerdings wenig Erläuterungen und kaum Verweise auf Deutungsunsicherheiten.)

Friedrich Christian Lindau: *Von Alexandra bis Zacharias.* Vornamen mit Tradition. Falken Verlag, Niederhausen/Ts. (Ein kleines Kompendium von etwa 150 Namen, mit denen man auf „gutbürgerlicher Seite" immer auf Nummer Sicher ist.)

Konrad Kunze: *dtv-Atlas Namenkunde. Vor- und Familiennamen im deutschen Sprachgebiet.* Deutscher Taschenbuch Verlag, München 1988/2004. (Allen, die sich für eine umfassende sprachliche und soziale Namensgeschichte interessieren, sei dieses wissenschaftlich fundierte und doch verständliche Werk empfohlen; zahlreiche Graphiken.)

Kurt Franz /Albrecht Greule (Hg.): *Namensforschung und Namensdidaktik.* Schneider Verlag, Hohengehren 1999.

Lutz von Thüngen: *Das Namenbuch. Nachschlagewerk der Namenkunde. Sinn und Herkunft von Vor- und Stammesnamen.* EKB-Verlag, Aschaffenburg 2003. (In zehn Jahren Recherchen trug ein Baron von Thüngen eine Unzahl von vornehmlich germanischen Namen zusammen, die nach Themengruppen sortiert sind; manche Deutungen muten gewagt an – beispielsweise die kühne Theorie, Amadeus als germanischen Namen zu interpretieren. Anderes ist bizarr und hochinteressant; allerdings eher nichts für Einsteiger.)

Patrick Hanks / Flavia Hodges: *Dictionary of First Names.* Oxford University Press, Oxford 1990. (Zum einen interessant wegen der präzisen, von den deutschen Nachschlagewerken teils abweichenden sprachlichen Deutungen, zum anderen wegen der Auflistung zahlreicher internationaler Varianten; Anhang zu arabischen und indischen Namen.)

Rosa und Volker Kohlheim: *Das große Vornamenlexikon.* Dudenverlag, Mannheim 2007. (Umfassendes Nachschlagewerk mit meist differenzierten Deutungen und Verweisen auf berühmte Namensträger, Hitlisten, sehr komprimiertes Basiswissen.)

Wilfried Seibicke: *Vornamen.* Hg. von der Gesellschaft für deutsche Sprache Wiesbaden, Verlag für Standesamtwesen, Frankfurt/Berlin 2002. (Informationsband über das Namensrecht, Brauchtum und jüngere Tendenzen im Namensschatz, großteils sachlich, gelegentlich ein wenig moralisch, aber immer wieder amüsant und in jedem Fall informativ.)

Verzeichnis der Abkürzungen

ahd.	Althochdeutsch
alb.	Albanisch
altägypt.	Altägyptisch
altengl.	Altenglisch
altfrz.	Altfranzösisch
arab.	Arabisch
austr.	Australisch
bask.	Baskisch
bayr.	Bayrisch
bret.	Bretonisch
bulg.	Bulgarisch
chin.	Chinesisch
dän.	Dänisch
dt.	Deutsch
engl.	Englisch
finn.	Finnisch
fries.	Friesisch
frz.	Französisch
gäl.	Gälisch
galiz.	Galizisch
germ.	Germanisch
griech.	Griechisch
hawaiian.	Hawaiianisch
hebr.	Hebräisch
ind.	Indisch
indian.	Indianisch
ir.	Irisch
isl.	Isländisch
ital.	Italienisch.
jap.	Japanisch
jidd.	Jiddisch
katal.	Katalanisch
kelt.	Keltisch
kor.	Koreanisch
kroat.	Kroatisch
kurd.	Kurdisch
lat.	Latein
lett.	Lettisch
mhd.	Mittelhochdeutsch
mong.	Mongolisch
neugriech.	Neugriechisch
niederdt.	Niederdeutsch
niger.	Nigerianisch
nld.	Niederländisch
nord.	Nordisch
norm.	Normannisch
norw.	Norwegisch
okzit.	Okzitanisch
österr.	Österreichisch
pers.	Persisch
poln.	Polnisch
port.	Portugiesisch
rät.	Rätoromanisch
röm.	Römisch
roman.	Romanisch
russ.	Russisch
schott.	Schottisch
schwed.	Schwedisch
schweiz.	Schweizerisch
serb.	Serbisch
skand.	Skandinavisch
slaw.	Slawisch
slowak.	Slowakisch
span.	Spanisch
süddt.	Süddeutsch
swa.	Swahili
tschech.	Tschechisch
türk.	Türkisch
ukrain.	Ukrainisch
ung.	Ungarisch
urdu	(neuindische Sprache, Amtssprache in Pakistan)
vietnam.	Vietnamesisch
walis.	Walisisch
xhosa	(südafrikanische Sprache)
yoruba	(westafrikanische Sprache)
zulu	(südafrikanische Sprache)

Danksagung

Ohne Hilfe geht man im Namensdschungel und im Blätterwald verloren, darum ein großer Dank an:
Marianne Urban für ihre klugen Anregungen. *Akiko* Probst, *Xiaomin* Zhu, *Johannes* Hille, *Klaus* Koppe, *Nora* Yassine, *Pirkka* Karppinen, *Erik* Turek und *Sevil* Onaran für ihre Sprach- und Kulturkenntnisse. *Kyra, Nele, Martina* und *Nina* für fleißige Hilfe. *Martin* für die große Begeisterung. Und *Heike* Bräutigam, die uns alle auf der Fährte hielt – mit viel Geduld und viel Humor!

Susanne Koppe

Susanne Koppe studierte in ihrer Geburtsstadt München und in Boston. Sie arbeitete als Übersetzerin, Lektorin und freie Journalistin und leitete einige Jahre das Kinderbuchprogramm im Rowohlt Verlag. Seit 2002 betreut sie mit ihrer Agentur für Illustration und Literatur in Hamburg unterschiedlichste Autoren und Künstler, verwirklicht aber auch immer wieder eigene Buchprojekte – zuletzt das klingende Liederbuch „Am Weihnachtsbaume" mit Franziska Biermann und Nils Kacirek.

Daniela Bunge stammt aus Zwiesel im Bayerischen Wald, studierte in München und Münster Illustration und lebt heute in Berlin. Sie ist Autorin und Illustratorin zahlreicher Bilderbücher für Kinder und Erwachsene, zuletzt erschienen „Als Otto das Herz zum ersten Mal brach" (Text von Axel Schulß) und „Der Gott aus der Maschine" (Text von Ludwig Harig).

KUNSTMANN

Layout und Satz: buero8, Wien
Druck und Bindung: L.E.G.O., Vicenza
ISBN 978-3-88897-638-4